U0896010

沈水书坊

茶熟香温读沈阳

韩 朴 著

沈水散叶

沈阳出版发行集团
沈阳出版社

图书在版编目（CIP）数据

沈水散叶 / 韩扑著 . —沈阳：沈阳出版社，2019.8
（沈水书坊）
ISBN 978-7-5441-9771-7

Ⅰ . ①沈… Ⅱ . ①韩… Ⅲ . ①故事—作品集—中国—当代 Ⅳ . ① I247.81

中国版本图书馆 CIP 数据核字（2018）第 227852 号

出版发行：沈阳出版发行集团|沈阳出版社
（地址：沈阳市沈河区南翰林路10号 邮编：110011）
网　　址：http://www.sycbs.com
印　　刷：辽宁泰阳广告彩色印刷有限公司
幅面尺寸：130mm × 190mm
印　　张：8.625
字　　数：120千字
出版时间：2019年8月第1版
印刷时间：2019年8月第1次印刷
责任编辑：赵长伟
封面设计：润泽文化
版式设计：润泽文化
责任校对：张　旭
责任监印：杨　旭

书　　号：ISBN 978-7-5441-9771-7
定　　价：49.80元

联系电话：024-24112447
E - mail：sy24112447@163.com

总 序

初国卿

“沈水书坊”是沈阳出版社精心策划的一套地域文化小丛书。丛书中的每一本都集中一个方面的选题，小角度，大视野；小题目，大纵深，融地方性、知识性、趣味性和浅学术性为一体，为读者提供了不同于以往的了解沈阳的阅读文本和文化视域。

将此套书名之“书坊”，主要是体现在它新颖的策划和独特的制作过程。“书坊”本就是古时印刷并出售书籍的地方，抑或称之为“书林”“书堂”“书棚”“书铺”者，但更多的是泛称“书坊”。如朱熹在《答胡季随书》中说："误本之传，不但书坊而已，黄州印本亦多有。"《儒林外史》第十四回说："马二先生上船，一直来到断河头，问文瀚楼的书坊。"早年沈阳城里也多有"书坊"，如曾经编校刊刻《红楼梦》的程伟元，1817年左右就在沈阳兴办了"程记书坊"，刻印了许多子弟书。如今"沈水书坊"在继承与发扬传统文化的基础上，着意于现代策划与制作手段上下功夫，推出第一辑五种作品，无疑是"弘扬沈阳文化，讲好沈阳故事"的有益尝试。

"沈水书坊"第一辑共五种，每一种6—8万字，小题目，短篇幅，叙事单一，适合阅读。这五种是：《盛京瓷话》《沈水散叶》《紫气东来》《沈水听涛》《巨变观澜》。

《盛京瓷话》以历史发展为序，勾勒出了沈阳在中国陶瓷史中的独特地位：有着7000年的制陶史，发现了3000年前的古窑址，走出了中国"陶圣"唐英，成就了"辽瓷之父"金毓黻，诞生了民国时期首屈一指的中国机器制瓷企业肇新窑业。在现代陶瓷产业中，南有"中国瓷都"景德镇，北有"中国瓷谷"沈阳法库。

该书将沈阳陶瓷史上最可述说的历史与人物都做了散点式的描述，从中可清晰地读到沈阳陶瓷的发展脉络。

《沈水散叶》以刘义庆《世说新语》、郑逸梅《林下云烟》、余世存《非常道》等书为摹本，选取沈阳人精彩的言行和在沈阳土地上发生过的历史瞬间，以小故事、笔记体的形式，分类分细节展现沈城历史名人的精神要素，并加以主题化的阐释与解读，不失为一部萃集着沈阳历史名人言行的好看、好玩、好记的作品。

《紫气东来》以沈阳故宫为主题，展示近400年来丰富的物质和非物质文化遗产，将沈阳故宫的文化与历史以散文随笔的形式娓娓道来，内容包括皇家建筑、名人轶事、民俗文化、典藏文物和文化随想等，不仅抒发了故宫人对沈阳故宫的情感与热爱，同时也会使更多读者通过文字了解沈阳故宫，走进沈阳故宫，并因此关注和喜爱这处世界文化遗产，进而更加热爱中国古代历史与灿烂文化。

《沈水听涛》以评论和随笔的形式回顾与述说了沈阳舞台艺术的多姿多彩：如京剧从“关外唐”的艺术风范，到《将军道》的舞台力作；评剧从“韩花筱”三大流派的形成，到《我那呼兰河》的卓有建树；话剧从深得周总理关怀的《兵临城下》，到名扬九州的《搭错车》等“探索三部曲”；杂技从蔡少武的飞车绝技，到《天幻》《龙幻》的全球足迹……数尽沈阳的舞台艺术发展历史，令人耳目一新。

《巨变观澜》侧重从工业文化的角度，回顾沈阳工业发展的不平凡的历程和对共和国的巨大贡献。作者从中国工业博物馆的具体藏品入手，展开对沈阳工业发展的真情回顾，其中不乏对老一辈工人阶级的讴歌和怀念，对劳模精神、工匠精神的提炼和升华，对波澜壮阔的大工业生产的细致描述，充满珍藏过去、展示未来的人文情怀。

相信“沈水书坊”第一辑的丰富内容与简约精巧的写作方式，能获得读者的喜欢。同时我们也期待“沈水书坊”能不断推出更多更好的选题，为沈阳的文化繁荣，做更多的贡献。

自序

沈阳，一座飞速成长中的大都市，在后金天命汗爱新觉罗·努尔哈赤的巨擘点中这座城市之前，沈阳一直是座普通的小城，有时是中原王朝的边地军塞，有时又是北方民族的商贸集镇。

1625 年，后金迁都沈阳，时称沈京，到 1634 年皇太极在此建立清朝，又称盛京，从此开始了沈阳的大都市成长史。一座大都市的兴起，直接的标志，自然是人口的爆炸式增长，终极的标志，则是这座都市有了特别的风貌气质，在人类的文化史中谱写自己的章节。

那么这一章节该如何写就？那里边的主角当然是人。人是历史的灵魂，是城市的灵长，翻看司马迁、拉施特、布罗代尔、丹纳、雨果、希利尔……莫不如是：活着的人，死去的人，他们的灵魂在城市的历史舞台上穿梭环舞，碰撞出若干无穷动，是奇迹也是现实，是大历史也是小情调。

从清朝到民国，再到新中国，沈阳的天空群星璀璨，历史要素丰富多元，知名人物代不乏人。多少知名的历史事件在这里上演，多少历史人物在这里做出生死抉择，那些改天换地、生离死别时刻的豪言与伟行，那些云淡风轻、游冶画眉日子里的情话与独行，值得沈阳人记住，值得全世界关注。

沈阳要出精彩的大历史、好看的大历史，要出令沈阳人认同乃至骄傲的城市史，离不开对历史细节的推敲琢磨。退一步说，沈阳人走到外边，和北京人、上海人、河南人、广东人、山西人围坐在一起，如果需要有关自己城市的谈资，这时他更需要的，是大历史之下的一本小书，一本萃集着城市历史名人言行的好看、好玩、好记的小书。书里的思想不需要很深，故事也不需要很长，但是，可以随手翻，翻不完，翻不厌，忘不了，丢不了。

一座城市，是应该有点精神的。

但是，如今还没有这样一本小书出来。

那些值得沈阳人记住并引以为谈资、甚至成为人生标尺的言与行，没有吗？很少吗？

不是这样。

我们的素材非常丰富，但散见在各级各类的书报杂志里，既不系统，也常出现互相矛盾乃至张冠李戴的现象。仅以张作霖为例，围绕着他就有诸多的歧说轶事，比如陈独秀与张作霖真的是义兄弟吗？关东军和克格勃谁是皇姑屯事件的元凶？张作霖的遗骨为什么是日本人给安葬的？

尤其是城市史，其中有很多细节是不切实的，是以讹传讹的，精彩，但不真实，流传得很广，但造成的却是误读。

笔者多年来从事报纸文史版面的搜集、编辑、采访、报道工作，对上述问题深有感会。工作之余，积累了大量的相关史料，此次选辑其中一些沈阳人精彩的言行和在沈阳土地上发生过的历史瞬间，并加以主题化的阐释与解读，按同类书籍的体例整理成书，以飨读者，希望达到抛砖引玉的效应。

作者简介

韩扑，沈阳市文史研究馆研究员，沈阳晚报策划部主任，辽宁省散文学会理事。多年从事辽沈文史编撰工作，尝试融媒体化。有《左手翻史书》《非议名著》《黄金家族》等专著。参与编写《辽海名人辞典》《辽海历史名人传》等。

目 录

岁月是千重浪，他们是蚌中珠；历史是万卷书，他们各作注脚。在寂寥的、壮阔的、无声无息又常有喧嚣奔腾的时代里，他们，如星闪烁，披光增耀。远看，他们是伟人、智者、贵胄或者虽看似平凡却影响过时代的一群人；近看，他们是一个一个有情有爱、有趣有个性的独立生涯。他们与沈阳这座城有过一段缘分、一些故事，也就是这一点点，便已足够被后世一再提起、重温，放在心间口上。

——职业书评人 姜虹

爱 国

何谓爱国？近代以来，这两个字就意味着抵御外侮，忧国忧民。东北是四方辐辏之地，更是首都的屏障。东北的安危存续，对中华国运干系甚大。爱国，对所有东北人而言都是不可回避的、沉甸甸的命运主题。

少年周恩来：为中华之崛起而读书

少年周恩来在奉天省官立东关模范两等小学堂（辛亥革命后改名为“东关模范学校”）高等丁班学习时，1911 年秋的一天，兼课的魏校长为学生上修身课，题目是“立命”。校长列举古代志士仁人的实例，给学生讲立志，突然提问：“你们是为什么读书？”他走下讲台，指着前排一同学说：“你为什么而读书？”这个学生站起来挺着胸脯说：“为光耀门楣而读书！”第二个学生回答：“为了明礼而读书。”第三个学生是靴铺掌柜的儿子：“我是为我爸而读书的。”校长又到周恩来面前问：“你是为什么而读书？”周恩来站起身来，郑重答道，“为中华之崛起而读书！”魏校长为之一振。对大家说：“有志者，当效周生啊！”

张作霖：我这个臭皮囊不要了

1928年在北伐军的进攻下，张作霖的军队节节败退。5月17日，日本公使芳泽访张作霖，威逼利诱张与日本加深合作，签订《中日合资修筑吉会铁路合同》。作为交换条件，日军帮其阻止北伐军过黄河，遭张拒绝。张把手中翡翠嘴旱烟袋摔断，说：“我这个臭皮囊不要了，也不能做这件叫我子子孙孙抬不起头来的事情。”说完赶走了芳泽。不久，张即在皇姑屯遇害。

杜重远：我这生命，早已置之度外

民族实业家杜重远是奉天闻人。日驻奉天总领事冈村私下以高级职位相诱，杜愤怒拒绝："君以官吏为可贵乎？不知人生最低要求即为生命。今敝国受制于贵国，形同猪狗。我这生命，早已置之度外，又要官做什么？"1930 年，杜重远参加上海全国国货展览会开幕仪式，倡言发展国货，抵制日货。

唐韵笙：不除日害，国无宁日

东北沦陷期间，京剧界享誉"南麒北马关外唐"的唐韵笙（祖籍沈阳）带戏班分水、陆两路向当时日伪统治的奉天进发。不料，携带道具、行头走水路的人马在营口海关遭劫。日本宪兵在戏箱子中找到一个写有"扫除日害、编剧唐韵笙"的小本子，内有台词"不除日害，国无宁日"。这是一出传统戏，可鬼子气急败坏，立即将所有人押到营口警察总署。

此事很快传到奉天，已乘火车抵达奉天的唐韵笙正在北市场共益舞台。当时剧场经理何玉蟒急切地找到唐韵笙商议对策。唐韵笙笑说："日本鬼子说我反满抗日，凡有良心的中国人，哪有不恨日本鬼子的？不除日害，老百姓还能活吗！"当夜，唐韵笙乔装打扮，改名"李根发"，躲在北市场天成旅社内，写出了一出爱国剧《闹朝扑犬》，以古喻今，直指侵略者及其走狗之罪行。

何怡贞何泽慧留洋学物理

何怡贞之父何澄是同盟会元老。他早年东渡日本，入读日本士官学校第四期。加入同盟会后，何澄成为铁血丈夫团的骨干，还曾在保定军校做过蒋介石的老师。四一二反革命政变后，何澄弃政从商。何怡贞之母王季山出自苏州王氏家族。何澄曾许豪言："列强的八国联军曾经攻进北京城，我要把八个孩子送到那八个打败我们的国家去留学，将来学成后打败他们。"所以，长女何怡贞留美，次女何泽慧留德，而且两女都学了物理。学成归国后，何怡贞与丈夫葛庭燧来到沈阳，何泽慧与丈夫钱三强到了北京，都成为各自研究领域的佼佼者。

葛庭燧化名“何普”参加地雷战

1930年，葛庭燧考入清华物理系。1938年，在恩师叶企孙帮助下，葛庭燧考入燕京大学物理系研究院。读研期间，葛庭燧曾为冀中八路军秘密研制地雷。在燕大，葛庭燧爱上名门闺秀、比他大两岁的年轻教师何怡贞，后者刚从美国读博归来。葛庭燧陷入了对何怡贞的苦恋，秘密到冀中根据地兵工厂工作时，还用她的姓起了化名“何普”。

李文信搏命保护家乡文物

李文信视博物馆为生命，为了保护博物馆差点搭上性命。1945年，日本投降，仓皇而逃，沈阳博物馆陷入无人管理状态。李文信承担起保护博物馆的任务，每天亲自到馆内巡视。某日，一个苏军军官私下趁乱带着一群人来抢博物馆，李文信冒死阻拦，但人单力薄，博物馆诸多藏品被抢，李文信来到苏军驻地反映情况，欲要回藏品，却被那伙人强行带到北陵后山，以枪威胁要李文信停止申诉，枪栓都拉上了，但李文信仍然执意不从，多亏随军的中方翻译从中周旋、说好话，李文信才免遭大难。

崇 实

自古综核名实方可成事。一个地方要想强起来，从上至下，非有一些心系乡土、民生，踏实敬业的人不行，有时，甚至需要牺牲个人或家族的一些东西。

金毓黻发愤始自两句诗

清宣统二年（1910），福建人郑孝胥到奉天小河沿消遣游玩，兴之所至，写了一首七言古诗，其中两句说："北俗虽豪缺风雅，麇集屠沽作都会。"此诗以尖刻甚至污辱性的语言嘲讽沈阳人没有文化，沈阳文化圈深受刺激。

当时正在奉天省立中学堂读书的23岁青年金毓黻认为郑氏诗作“鄙视辽人之意溢于言表”，是“拘于方隅之见”，故步自封，孤陋寡闻。从此立志效法汉末三贤，“适彼乐土，爰得我所”，开发研究东北文化。26年之后，到1936年，金毓黻已出版了他平生研究东北史最重要的四部书：《东北文献征略》《奉天通志》《辽海丛书》和《渤海国志长编》。此时的郑孝胥已从伪满洲国总理任上下台，成为人见人弃的汉奸人物。34年之后，即1944年，金毓黻又出版了他一生中最重要的三部学术专著：《东北通史》《宋辽金史》和《中国史学史》，并以他的学术成就和地位，成为著名的历史学家和东北史研究的主要开拓者和奠基人。

冯庸毁家办大学

冯庸是奉系军阀冯德麟长子，毕业于中央陆军第二讲武堂，被张学良任命为东北军空军司令。冯德麟家产庞大。1926年冯德麟去世，冯庸召集欠债的人，当众焚烧债券；又召集典押土地的人，当众归还地契，销毁借据；再召集家人宣布，将冯家全部财产310万银圆捐作冯庸大学的校产。

人们对冯庸的义举赞不绝口，有诗赞其“翩翩浊世佳公子”。当时冯庸认为，中国内忧外患的主要原因是工业落后，“工业兴国，先育人才”，遂有毁家办学之念。

1927年8月8日，冯庸大学成立，时年26岁的冯庸担任校长兼训练总监，其校址位于铁西汪家河子村，即现铁西区滑翔小区一带。1933年6月，饱经家国沦陷的苦难后，冯家私产基本耗尽，冯庸再也没有恢复学校的力量了。经张学良同意，冯庸将学校并入东北大学。

少帅夫妇骑毛驴视察灾情

1930年七八月间，辽宁中西部暴雨引发罕见洪水。据记载：“西起绥中、锦县、义县、北镇、盘山、黑山、彰武，东迄新民、辽中、台安，长六七百里，宽二三百里，一片汪洋，尽成泽国，淹毙之人民万余口，冲倒之房屋数万间，被水围困无衣无食之难民不下四五十万……奇灾浩劫，诚为近百年所未有。”

大水造成北宁铁路自河北省昌黎至辽宁省新民区间全线中断。当时东北的主政者是张学良。大雨倾盆时，少帅和夫人于凤至正在北戴河避暑，闻听辽西大水铁路不通，他俩骑毛驴奔赴辽西一带视察灾情，返回沈阳后，发动社会力量协办赈灾。

“黑枷评报”成特殊新闻讲义

十年动乱结束后，被下放的沈阳日报社总编辑刘黑枷回到报社，重拾每日评报的大笔。他每天早晨 6 点多钟到报社，取来刚出版的日报，利用早饭前后的时间把报纸评完，将评报意见贴在评报栏上。8 点钟编辑、记者上班时，第一眼看到的就是他的评报。如果生病了，他在病床上评报；如果出差了，他就在回来之后补评。黑枷之子刘齐著文回忆：“他每天坚持两次评报，一次是日报，一次是晚报，一版一版的报纸上，密匝匝写了各种评语，贴在编辑部门口，从无间断。多年下来，被他评过的报纸据说已合订上百册，被员工视为特殊的新闻讲义。”

他去世时，依其生前愿望，一份当日出版的报纸安放在身旁，报纸边子，天头地尾，空无一字。

战 事

翻开近代以来的历史可知，我们的和平年代何其珍贵。清末的甲午战争、庚子之乱、日俄战争，民国肇建后的外敌入侵，直到解放战争的胜利，才恢复了这片土地的平静。在惨烈战争作为时代主题的背景下，沈阳的先辈是怎样过来的呢？

徐荣曾连胜曹操、孙坚

辽东历代出将才，翻看《三国演义》，其中有一人一出场就连胜曹操、孙坚两阵，险些将其阵斩。这个人就是徐荣。《资治通鉴》中认为他是玄菟郡人，也就是现在的沈阳人。有些可惜的是，徐荣弃暗投明后，最终因友军临阵倒戈而殒命。

徐荣以降，历代辽东铁骑都是朝代兴替战争中的胜负手。

左宝贵长于带兵

左宝贵以客军统帅身份驻奉天二十年，对军队的管理极为严格，曾因为部下一名宗室军官霸占民女，下令将其当街斩首。他还下令部下不准吸食鸦片，不准赌博，不准扰民，如果有敢违法者，便用绳子穿透耳朵后游街，然后再根据罪行依法进行处罚。左宝贵对士兵的现代军事训练也十分重视，当时他军中主要有骑兵、步兵和炮兵三个兵种，左宝贵要求步兵要能起伏分合，炮兵要能攻坚挫锐，骑兵以出奇驰骤为能。左宝贵将大部分军费都用来购买先进武器，甲午战争中，日军在平壤与其军激战时，惊讶地发现他的士兵居然装备着先进的毛瑟十三连发快枪。

日俄战争中的奉天新闻战

日俄战争期间，奉天成为各国武官和战地记者穿梭往来之处。当时在奉天的英国人司督阁回忆：“有些人住在奉天，过着舒适的生活，随意收集记录一些道听途说的消息拍发出去。也有一些人冒着生命危险奔赴前线，观察战争中所发生的真实事件，然而，等到他们回到奉天，却发现自己已经落在那些事业心很差的兄弟们后面。”

北大营与东大营之由来

北大营，始创于清光绪三十三年（1907），当时东三省总督徐世昌有感于奉天乃清朝“肇兴之地”，为加强对沈阳城（当时称奉天）的防务，由他倡导，在城北郊外交通要路上修建了北大营，奉系崛起后即在此屯扎重兵。后来张作霖又在城东的山嘴子地区设置了屯兵营地和军官讲武堂，合称东大营，与北大营互为犄角。后来冯庸大学建在城西，因而又有“西大营”的提法。

张作霖空城计逐走蓝天蔚

北大营建成后，清廷“新军第二混成协”驻扎于此，最高指挥官为统领，亦称协统。当时，蓝天蔚为“新军第二混成协”统领。1911年10月10日“武昌起义”之后，蓝天蔚联合日本士官学校同学，新军第六镇“统制”吴禄贞、新军第二十镇“统制”张绍曾，准备在北方起事，因故未果。1911年11月9日，蓝天蔚在北大营召开部分官兵秘密会议，筹划起义事宜。有人随即向东三省总督赵尔巽告密，当时赵手边只有从洮南兼程匆匆赶来的奉天巡防营前路统领张作霖，而且张的大队人马还在路上。

数日后，赵尔巽召开了东北新旧两军众将会议。会上，赵、张代表的旧军将领与以蓝为代表的新军军官发生激烈争吵。正在双方陷入僵持之时，只见张作霖猛地站起身来，双手紧紧握着两个类似炸药包的毛巾包，“总督劝告诸位保境安民，可谓用心良苦，仁至义尽。尔等如不接受总督的好意，举手赞成，那今天咱们只有同归于尽了！”这下图穷匕未见，两头害怕，蓝天蔚当众妥协。

张作霖接下来又唱“空城计”，派人在奉天东西南北关的各客栈、商号以及大民宅的门边张贴“前路巡防营哨兵房间”的字条，营造数千兵马源源杀来的气势。面对张的乱招，手握重兵的蓝天蔚应对无方，他被撤职、驱逐出境不久，“新军第二混成协”部分官兵铤而走险，举行哗变，与已有准备的张部展开激战。张弹压北大营兵变后，斩杀了“新军第二混成协”200 余名哗变官兵，继而分批遣散了 2000 余名“有嫌疑”的官兵。

奉系的势力从此坐大。

东塔机场：沈阳第一座飞机场

1921 年夏，奉系全力建设的奉天东飞行场正式投入使用，因临近沈阳东塔，亦称东塔机场。初建的机场拥有两座机库和一条 500 米长的土质跑道，是东北地区第一座大型机场。张学良担任东三省保安司令后，将东塔机场扩建成东北军用飞机场，并开设了兵工学校和修理工厂。沈阳沦陷期间东塔机场被日军占据，1945 年，伪满洲国“皇帝”溥仪及其“小朝廷”正是在这里被苏军截获的。

林长民参与反奉之始终

1925年，林徽因之父林长民从欧洲游历回国，极思得遇明主一展抱负，黎元洪就把他推荐给正暗中筹划反奉的郭松龄。郭麾下不乏猛将却苦无谋主，两人一拍即合，相见恨晚。

郭松龄起兵，林长民即赴军中辅佐。郭军向国内各方通电均由林长民起草，通电中称此次反奉纯为“建设东北”“不愿参加内战”“拥护张学良主政”，并声称此次起事得到张景惠、李景林的支持。张作霖看到这些公开电报，跑到办公厅，把报纸狠狠摔在桌子上，“这绝不是郭鬼子写的，也不是饶汉祥写的，是谁这么阴损？他妈的，挑拨离间！”袁金铠说：“近来发表的通电，都是林长民写的。”张作霖说，“他妈拉巴子的，一计害三贤。这姓林的小子真损，有哪天叫他碎尸万段。”

郭松龄打到锦州，召开权力分配大会，林长民获任东三省总理兼奉天省长。不想反奉很快失败，郭松龄逃跑时轻装简从，却带上了不会骑马的林长民。一行人坐着大车，冒大雪往营口出发，行至辽中境内，被王永清的骑兵追上。郭松龄卫队都是娃娃兵，一点儿战斗经验都没有。郭松龄夫妇在卫士搀扶下躲入菜窖，毫无战场经验的林长民见追兵杀来,慌忙滚到大车底下躲起来。可是大车正停在路中央，处于双方交战的火网之中，转眼间，林身中数弹。

郭松龄夫妇被俘后，王永清听部下报告说，大车底下还有一人重伤，只剩下一口气了。王永清跑过去一看，见此人只穿件白色单衣，身上棉衣已经被扒光，一脸连鬓胡子，像是日本人。王永清请示师长穆春，穆一听说可能是日本人，下令焚尸灭迹，以免引起外交纠纷。于是，王永清派人把林长民拖到村外，往身上扔了一捆秫秆，又浇上一瓶煤油，一把火将其烧死。

赵炜与沈阳解放

1946 年 3 月份，黄埔军校十六期生赵炜在北平第一次见到了后来的上级王石坚。王劝说赵炜放弃去延安，选择留在国民党军队内部搞情报工作。

经李克农批准，赵炜成为代号“902”的情报员。1947 年 3 月初，王石坚派人到沈阳与赵炜取得联系。此时，赵炜已是国民党东北保安司令部机密室的主管少校参谋，平时负责机密室，还负责标示东北作战态势图，编订国民党军团以上兵力驻地表。王石坚还派沈秉权和吕淑兰夫妇来沈建立电台，专供赵炜传递情报。当时东北保安司令部办公地点在后来的沈阳铁路局大楼，赵炜平时在二楼办公，宿舍在三楼，沈吕夫妇的电台在桂林街 125 号。

赵炜送出的大量情报，造成国民党军在东北完全被动，杜聿明“南攻北守，先南后北”战略宣告失败，蒋介石大骂杜聿明指挥不力。谁料 1947 年 9 月，军统破获了北平的中共秘密电台，王石坚因而被捕并随即叛变，全盘托出他领导的华北、西北、东北全部情报组织、地下工作人员情况，军统特务大规模的逮捕暗杀行动随后开展。很快，赵炜发现沈秉权电台出事，特务们针对他展开了全城搜捕，赵炜则早已设计好撤退路线，“我急忙出了小南门，游泳游过浑河，在高粱丛中向西南方走去，在10月16日进入解放区……”

刘白羽：光明照耀着沈阳

1948年11月2日沈阳解放后，战地记者刘白羽专门写了一篇通讯《光明照耀着沈阳》，记录了那段特殊日子：

沈阳是完整的沈阳。战争结束的早晨，《中央日报》的工役在擦地板，字架上一个铅字也没乱。市政府里有人说服了卫兵，取过钥匙，锁好门窗。很多机关没打破一块玻璃，没丢一个灯泡。沈阳二日解放，四日工人职员等陆续登记报道，第一周就有十九万人。这不仅是工人，也有国民党高级职员，包括国民党军队及“联勤”系统的将级官佐、伪政委会系统的简任官、伪市政府的局长、资源委员会系统的技术专家在内。

当然，在沈阳的解放中最动人的是工人的行动，他们在战斗还在进行时，在敌机还在疯狂滥炸时，就奋不顾身地为人民的沈阳放置下头一块基石。工人们除了把每座工厂完好地保存下来之外，二日夜，在密集轰炸下，工人们为完成恢复交通等工作而展开了惊心动魄的一幕，沈阳工人蔡立清在战前战后两日两夜，机警保护人民财产，监视特务。在这汹涌的人民力量之下，沈阳市从战争里迅速恢复过来。

在一阵狂风暴雨似的军事胜利之后，这是一阵舒适的春风化雨。……铁西区铁工吴景玉的女人花一万元买了六斤多豆面回来，快乐地拍着手向邻居们喊道："你们快来看呀！从前卖两件衣服也买不到一斤呀！"笑声立刻荡漾在从前曾失去欢笑的地方……

抗 争

面对外敌侵略，沈阳人必须挺身而出，用血肉筑成我们新的长城。东北是国歌诞生的地方，也是血肉长城真实地悲壮上演的地方。

聂士成未雨绸缪保全奉天城

1893 年，淮军名将聂士成深感日本、沙俄觊觎朝鲜和中国东北，磨刀霍霍，中国御侮一战不可避免，于是上奏“请单骑巡边”，亲自带领天津武备学堂学生冯国璋、张祖佑等，冒着严寒与风雪，历时半年，行程两万三千余里，踏勘东三省边陲和朝鲜半岛，测绘山川险要，其后，将此行见闻以军事地理的视角加以梳理，汇成《东游纪程》一书进呈朝廷。

次年，中日甲午战争爆发。日军渡过鸭绿江，占领凤城，兵锋直指沈城，叫嚣要“在奉天过年”，“知地利”的聂士成率部在辽东摩天岭力战，挡住日军，使其不得寸进，保住了清朝的陪都。10年后的日俄战争中，吃过亏的日军率先拿下摩天岭，辽阳一线俄军无险可守，侧翼被抄，全线崩溃。

中共满洲省委最重要的一个“第一”

1931年9月19日，中国共产党满洲省委发表《满洲省委为日本帝国主义武装占领满洲宣言》，号召中国人民奋起抵抗日本帝国主义侵略。该宣言是世界上第一篇反法西斯战争宣言，在中国抗日战争史和世界反法西斯战争史上具有独特意义。

枕枪而死的中国士兵

日本人办的《盛京时报》1931年9月20日有一篇

报道：《北大营灰烬中　华军奋战迹　枕枪而死之一兵士》。报道中写：在北大营的战斗中，中国部队官兵也进行了奋力抵抗。当战斗结束后，日军司令部立刻派出一个副官前往北大营现场查看。在他的眼中，北大营已变成灰烬。这时他看到在灰烬中，有一个中国士兵卧在机枪上而死，看到这个场面，他知道这个中国士兵是在激烈的战斗中战死的。

张凤岐火焰焚身仍呐喊

张大飞和其父张凤岐都是为抗日而牺牲的英雄。

张凤岐是营口人，九一八事变爆发后，任沈阳县警务局局长兼公安大队长的张凤岐遵照黄显声指示，带领沈阳警界抗击日军两天两夜才退出沈阳。后在黄显声安排下回沈，打入敌人内部继续任沈阳县警务局局长，并筹划为义勇军攻打沈阳城做内应。

由于叛徒出卖，张凤岐被捕，受尽酷刑，同时被捕的督察长杨春元被割舌致死。1932 年 7 月某日，日本宪兵将张凤岐绑在沈阳故宫大政殿后石柱上，泼油烧死。张凤岐在火焰焚身时嘶哑着喊道："你们烧吧，你们杀吧，中国四万万同胞你们是杀不完的，他们早晚要报仇的！"

张凤岐被害时，其四子张大飞（原名张廼昌）14岁，从此与五弟张大翔（原名张世昌）一起走上了参加空军、报国仇家恨之路。

向世界发声的"沈阳九君子"

九一八事变发生次日，1931年9月19日上午，南京国民政府请求国联主持公道。当日下午国联在日内瓦召集例会，中日双方代表施肇基和芳泽谦吉针锋相对，日本代表颠倒是非，国联反复调停无果，遂成立调查团实地调查了解真相。

得知此消息，沈阳九位爱国青年成立"爱国小组"，搜集日本侵略罪证，准备送交调查团。从1931年11月下旬到次年1月底，他们冒险搜集整理反映九一八事变实况的材料，汇集成册，装进蓝色缎面布袋，并用红色丝线绣上"TRUTH"（真相）字样，在材料上签名：

大学教授刘仲明、毕天民、李宝实、张查理、于光元，银行家巩天民、邵信普，医学家刘仲宜，社会活动家张韵泠。

他们搜集的证据包括《盛京时报》《满洲日日新闻》等日方发行报刊的剪报，日系官员任免名单及本庄繁布告，关东军颁布的教育与金融章程和实物，如收条、对联、照片等等，筛选后的300多页纸质材料和实物证据被编辑成75个大目录按序号粘贴在大相册内，还备了英文说明书。

为能将“TRUTH”安全无误地递交到国联调查团手中，“九君子”责成刘仲明同盛京施医院院长雍维林（英国人）接洽。

1932年2月中旬，刘仲明与雍院长在一次谈话中提及国联调查团何以迟迟未来，雍院长似早已察觉“九君子”为调查团准备材料一事，问：“你们预备好了吗？”刘仲明说：“我们已经预备好了，专等他们来时，即可送交。”雍说：“按照法律手续要求，你们应该亲自把材料交到调查团手里。所递交的材料，必须伴有由负责人签署的正式信件（即签字证明文件）。这位负责人还必须是由法庭承认的人，在西方就是指国家批准的律师。送交材料和签字证明的人必须确有其人，并可以证实你们的身份、道德、人品，法庭才能接受递交的材料，并作为合法的正式文件予以审查处理。若只有材料而无正式信件，那就等于密告，按国际法庭惯例，是不予理睬的。只有国联调查团认可的人，特别证明你们交信人的真实性，才能完成法律上的手续。”刘仲明说：“这样，我们就难了。从哪里找到国联调查团认可的人为我们签证？你给我们签证如何？”雍说：“我签证无用，他们不认识我。我现在想起一个人：在法库基督教教区的牧师倪斐德博士是英国人，他与国联调查团长李顿爵士自幼就很熟悉，又有亲戚关系。他为人仗义，如果能求得他的帮助，他一定会给你们签证，也许会帮助你们送交。我明天就给他写信！”

2 月下旬某日，倪博士来沈见雍院长后即来刘家，接过文件时，倪激动地说：Now I take this, if I die, I die for a great cause!（现在这个就交给我了，如果我因此而死，我就是为了一个伟大的事业而死的！）倪博士拿到文件后，因不便随身携带，便将文件放到了英国驻沈阳总领事馆的铁柜内，自己回了法库。国联调查团抵沈后，倪斐德又给团长李顿写亲笔信，并以亲戚身份登门拜会，后巧妙安排在另一名英国人谭文纶的家里进行宴请，并成功地阻止了日本人进门探听消息。在这次会见中，三位英国友人当场签字为“九君子”的行为和“TRUTH”的真实性进行举荐和担保。第二天，李顿从领事馆拿到了这份文件。

1935 年 2 月，国联特别大会以 42 票赞成、日本 1 票反对通过了根据《国联调查团报告书》形成的决议。这是国际社会第一次宣布九一八事变真相的重要文献。

1935 年秋天，日伪大逮捕，除了张韵泠之外的九君子成员及若干沈阳“爱国小组”成员都被捕入狱。面对审讯，刘仲明大义凛然：“我在为真理作证，我要对历史负责，我没有罪！”巩天民被折磨 49 天，他却说：“人有享不了的福，没有受不了的苦。”刘仲宜饱受酷刑，终身落下后遗症，依然宁静淡泊无怨无悔。面对敌人摆下盛宴造成即将行刑的阵势，毕天民暗下决心：“就是死，也不能给中国人丢脸！”他神态自若地大块吃肉大口喝酒。

邓铁梅铁骨铮铮慷慨赴死

1934年5月，东北抗日义勇军名将邓铁梅被日伪俘获后关押在奉天，审讯官问道：“你为什么抗日？”邓铁梅答：“国家兴亡，匹夫有责。日本人制造借口，用武力占我东北，凡是中国人都有责任抗击侵略者！”问：“你的力量能够抵抗日本帝国这样强大的国家吗？”答：“不能因为日本暂时军事力量强大，我们就甘心当亡国奴。楚有三户，可以灭秦，况且我中华同仇敌忾的四亿五千万人民！”问：“你现在能不能命令你的部队接受招抚，为‘新国家’效力呢？”答：“我现在虽然失去人身自由，但是，头可斩，血可流，救国之志不能变！自卫军战士个个都是好样的，他们不会因为我的被捕而放弃斗争。相信他们一定会本着我的精神，继续坚持抗战，直到把侵略者赶出去。我不能下达部队接受任何条件的命令。”

卑鄙的敌人将早已被捕的邓铁梅夫人张玉姝押到狱中，同他见面，邓对她说：“现在正好可以实现我们结婚时的预言，不成功也一定要成仁。”1934 年 9 月 28 日，43 岁的邓铁梅被杀害在奉天伪陆军监狱。张玉姝也被活埋在浑河边。次年，中共发表著名的《八一宣言》，其中称邓铁梅是为救国而捐躯的民族英雄。

马加笔下的寒夜与火种

东北沦陷时期，东大学子马加流亡北平，写了中篇小说《登基前后》(1963 年出版时更名《寒夜火种》)，他在《寒夜火种》前言中写道：

在敌人统治的严寒的政治气候下面，我所体验到的，只是枷锁般的沉重，阴天气流的压抑，血腥的恐怖。我平生第一次看到贫苦农民受到敌伪政权苛捐杂税的剥削，受到侮辱与压迫。

数十年后的 1996 年，已是辽宁文坛领袖的他，在长篇回忆录《漂泊生涯》中，又回忆了那段生命。

杨大群：仇可以不报，但账不能不记

军旅作家杨大群 1984 年离休，第二年便加入由沈阳市老红军、老八路、老英雄、老模范、老作家组成的“五老报告团”，足迹遍及白山黑水。他向人们讲述抗战的故事。他小时候，在离他家 1 公里的火车站，日本鬼子残忍地将 8 个趴在铁道上看火车的小孩的脑袋砍下，挂在电线杆子上，这让他刻骨铭心。他怒目圆睁地说道：“仇可以不报，但账不能不记，日本鬼子杀害我们 3500 万人，这笔账我不能不告诉后代。”在他家的客厅上，一个条幅浩然醒目：不忘国耻是我的创作动力。

革 命

革命者在历史转折时刻的决绝献身，彰显了沈阳人的真性情。他们是可敬的，他们的故事是讲不完的，故事背后永远还有故事。

张榕、宝锟旗人造反

清末，竟有旗人参加反清革命，反自家的江山，被视为异类中的异类。奉天张榕、宝锟就是这样的人。民国初年奉天流传的唱本上，有这么两句唱词："民国一统锦江红，有恒六闹革命要推倒前清……"这"恒六"就是宝锟，清朝恒知府的六儿子。宝锟父亲恒泰，隶正黄旗，道光年间，曾任成都知府，宝锟之兄曾任内务府大臣。

1909年，宝锟当选为奉天省谘议局议员，投入了奉天省民众要求“速开国会”的请愿运动。为表示与清王朝决裂，宝锟不顾杀头之罪，剃去辫发，穿上洋装。一时在奉天城引起轩然大波。不久，早年曾随吴樾刺杀五大臣、如今已是革命党的张榕由日本回到奉天，与宝锟志同道合，相见恨晚。在这同时，他又结交了《国民报》的主编田心正（字亚斌）。

他们三人从表面上看，是要好的朋友，常在宝锟家吟诗作画，以文会友。其实他们是在秘密集会，进行革命活动。有时一开会就到深夜，时称张榕、宝锟和田亚斌为辛亥革命党人之“奉天三杰”，后来三人均被张作霖杀害。

为讨袁而捐躯的尹神武

辛亥烈士尹神武曾就读于奉天甲种商业学校，1910年因成绩优异，被奉天教育局送日本留学，追求进步，向往革命。1918 年他因刺杀袁世凯死党郑汝成而被害，临刑留下一首就义诗：

云淡风轻近午年，
神武血骨留江南。
时人不识余心乐，
留下英名万古传。

据 1918 年 5 月 12 日上海《申报》报道：“尹神武唯临刑时，含笑自若，毫无惧色，简直是一健儿。”5 月 16 日、17 日《盛京时报》则分别以“尹神武已枪毙矣”（上海）和“刺郑汝成犯孙祥夫含笑临刑”（编者注：此处“孙祥夫”即尹神武）为题，报道了尹神武慷慨就义的消息。

张为先舍家业投身革命

奉天实业巨子张志良（字惠霖）一生无党无派，却培养了一位革命战士。他最小的儿子张为先青年时代在英国留学时就参加了共产党，后来回国以富家公子身份为掩护干革命，是中共在抗日战争和解放战争时期东北地区地下工作的负责人之一。

“红色学霸”张甲洲

张甲洲 6 岁进私塾读书，16 岁以黑龙江省第一的成绩考入齐齐哈尔一中。“男儿立志出乡关，学不成名死不还”的诗句被他写在作业本上，他受进步思想熏陶，参加了“砸日货”的学生运动，被学校开除学籍。

1924 年，张甲洲考入当时奉天的顶级重点学校——奉天文华中学。在学霸云集的文华中学，张甲洲入学不久就被选为学生会主席。

1925 年，上海爆发“五卅运动”，消息传到奉天，张甲洲组织数千名学生走上街头示威，援助上海工人罢工运动，遂被文华中学开除。

次年，张甲洲又考入齐齐哈尔（甲种）工业学校，入学半年，被选为省学生会主席。在组织学生反政府、闹学潮的运动中，他被捕入狱，坐牢半年。

1927 年，张甲洲考取公费留日生名额，黑龙江省督军吴俊升查到他的案底，一笔勾掉其留日资格。

1928 年，张甲洲考入当时堪称最难专业的北京大学物理系。勤学之余积极投身进步运动，1929 年 8 月 5 日加入中国共产党。不久，张甲洲再次因为学生运动入狱，狱友恰是清华大学党支部书记冯仲云，两人促膝长谈。

张甲洲出狱后放弃在北大物理系的学业，在 1930 年下学期，又以状元身份考入清华大学政治系。在清华园，他结识了胡乔木，当时清华园有“清华俩秀才，张甲洲能说，胡乔木能写”的美誉，很快，张被选为清华大学级委会主席。

1930 年 10 月，23 岁的张甲洲任中共北平特别市委宣传部部长，并在 1931 年 6 月代理中共北平特别市委书记，不久，为躲避当局注意，他放弃清华学业，前往上海江湾劳动大学学习。

在上海，张甲洲通过陈赓见到了化名伍豪的周恩来，确立了新的人生方向。1937 年，他在黑龙江富锦遇害。

“排字工人”刘少奇

1929 年刘少奇在奉天组织工运时遭出卖，被奉天纺纱厂的厂警逮捕，面对审讯，他说：“我叫成秉真（他表兄的名字）。从武汉来，在武汉没有工作，生活不下去了。听说奉天日子好过，想投奔这里找个同乡介绍个工作，混碗饭吃。”

审讯者质问刘少奇：“你到底是干什么的？”刘少奇仍平静地回答：“我是做工的工人。”另一个厂警头目上下打量刘少奇，突然叫道：“把手伸出来！”他察看了刘少奇的手，似乎意外地发现了什么：“工人？你想骗老子，没门儿！看你细皮嫩肉的，手上连个茧子都没有，也是工人？你交代，到底是干什么的！”

刘少奇坦然道：“你见过排字工人的手吗？我是个排字工人。如果你们这有排版的活儿，我可以干得蛮好哩！”

巩天民繁华深处干革命

解放战争时期，我党地下组织人员接头和开会的秘密场所多种多样、设计巧妙，其中甚至有豪华饭店鹿鸣春。

当时，位于南市场的鹿鸣春饭店是青砖黑瓦的两层楼，其营业包房在二楼。在二楼走廊的尽头处是一号包房。这间临街、能俯视正门的包房就是为了给巩天民等人活动用的。巩天民公开身份为志诚银行经理，又是鹿鸣春饭店的股东。

为了避人耳目，巩天民就选择了楼上这间包房作为秘密活动场所。每次需要与地工人员会面时，巩天民都会事先通知老板王星垣，约好此屋前半天不接待其他客人。当开会人员到齐后，就佯称还有贵客未到。菜上齐后，就说有客人未至，请店员在外接待，实为屏退外人。这样的活动每周都有。

教 育

一百年前，沈阳的人口还不到一百万，如今已超过八百万，而在沈阳现在的人口组成中，受过高等教育的人口接近200万，户籍人口中基本没有文盲。教育，是沈阳人的骄傲，而且，这种骄傲没有上限。

郝家父子兴办教育

顺治年间，郝浴因疏劾吴三桂而流徙奉天，后迁铁岭。他在铁岭建房讲学，创建了“致知格物之堂”。郝浴在此讲学十八载，至康熙十四年（1675）吴三桂谋反，复职还朝，留所居宅院为书院，并命名为“银冈书院”。

郝浴次子郝林生于奉天，四年后随父迁至铁岭，直至康熙十四年（1675）郝浴平冤召还。郝林在银冈书院就学，康熙二十一年（1682）中进士。郝林为官清正廉明，秉公执法，人称“铁面选司”。康熙五十三年（1714），自太仆寺卿升任奉天府尹。在担任奉天府尹期间，郝林通过自己的努力，让其父创建的银冈书院重回正轨。

康熙后期，银冈书院一度为驻防铁岭的八旗军据为兵营。郝林从科举兴学的角度说服奉天府的满蒙官宦，动员铁岭知县，通过他们新建八旗兵营，腾出书院继续兴办教育。其后二百多年中，书院培养了大批人才。

王尔烈晚年掌教沈阳书院

萃升书院原名沈阳书院，始建于清康熙五十八年（1719），最初只建厅堂三间，规模较小，经过乾隆元年（1736）、七年（1742）两次扩建，规模初备。乾隆二十七年（1762），时任奉天府尹欧阳瑾取“萃聚英才，升扬文化”之意，题写“萃升书院”四字楷写匾额，悬挂于书院仪门之上。从此，沈阳书院正式命名为“萃升书院”。嘉庆四年（1799），七十二岁的王尔烈以大理寺少卿离职回乡，掌教盛京萃升书院，与程伟元熟识。现在辽阳文化馆还藏有程伟元为王尔烈祝寿而绘制的《双松图》。据说书院待遇优渥，教授（老师）每学期要讲课二十次，年薪白银五百两。

增祺创办奉天大学堂

清代光绪二十七年（1901）农历十一月，盛京将军增祺下令创建奉天大学堂。几经选址，最终将内治门（小东门）外的一座八旗兵营进行改建，作为大学堂校舍。同时聘请孙百斛、谈国楫为大学堂总办，顾汝基、荣德为帮办，并设置了历史、地理、国文、诸子、数学、英文、俄文、满文、体操等学科，学制三年。次年农历九月，奉天大学堂正式开学，是为沈阳现代高等学府之发轫。

周恩来与恩师高亦吾

抗日战争期间，周恩来在延安接见外宾，外国记者提问："您是如何走上革命道路的？"周恩来回答："少年时代在沈阳读书时，我得到山东高亦吾先生的教诲和鼓励，这对我是个很大的促进。"

1909 年末，高亦吾辗转来到奉天，被聘为正在筹建中的"奉天省官立东关模范两等小学校"的历史教员。转年秋天，年仅 12 岁的周恩来，由当时任铁岭税捐局主任的三伯父周贻谦从家乡淮安带到铁岭，在银冈书院读书，后转入东关模范学校。周恩来对这位在光绪末年就敢于剪掉发辫、洋装革履，被人视为"怪物"的高老师非常尊重景仰，而高亦吾对这位气宇轩昂且胸怀壮志的少年也非常青睐。

1913 年，周恩来南迁天津，入南开中学就读。师生临别之际，高先生寓意深远地为周恩来命字"翔宇"；周恩来则奋笔疾书："同心努力，前程万里指日登！"署名"翔宇"，表示对"翔宇"的认可和对恩师的敬重。

车向忱参与"火烧赵家楼"

车向忱在东北首创平民教育，先后在沈阳的省立第三中、第一中和东北大学附属中学任教，因而有“东北甘地”之称。

他青年时代曾投身五四运动，他回忆：

1919年5月4日，五四爱国运动爆发，消息传来时，我在北京大学高等补习班读书，有人劝我不要参加，免得耽误功课，我说：“国都要亡了，还念什么书！”便参加了反帝反封建的游行队伍。学生游行示威要求当时政府拒绝在《巴黎和约》上签字。群情激愤之下，决定火烧赵家楼曹汝霖公馆，我愤怒地划着了火柴……

东北大学创办时群星璀璨

东北大学刚刚建立，就聘任美国密歇根大学学士、奉天公立文学专门学校校长汪兆璠担任文法科学长，留德工学博士赵厚达任理工科学长，日本京都帝国大学数学学士、北京大学理科学长冯祖荀为理科主任教授，美国哥伦比亚大学化学博士庄长恭为工科主任教授。

张学良担任校长之后，实行教授治校。选任密歇根大学法律博士、曾任北京国民大学副校长、北京教育部专门教育司司长的刘风竹为副校长。以后又废除副校长制，改为秘书制，任命英国牛津大学毕业的宁恩承为秘书长。北大当时常年经费是90万银圆，清华虽有庚子赔款补贴也只有120万银圆，而东大则高达160万银圆。东大教授薪金一般是360银圆，最高达到800银圆，教工如回北京探亲，还予以报销往返路费。当时南开教授薪金仅240银圆，北大和清华教授薪金300银圆。

一些知名专家和学者接踵而至：建筑学家童寯、梁思成林徽因夫妇、机械工程学家刘仙洲和潘成孝、留美化学博士余泽兰、纪育澧等。文学院聘请的名教授有：文法专家章士钊、语言文字学家黄侃和梁漱溟、原北京政府司法总长罗文干及林损、余启昌、吴贯因（梁启超私人秘书、北平华北大学副校长）、江之泳、李光忠等。教育学院则有留学美英十载的心理学家陈雪屏、国学家马宗芗、统计学家孙宗钰、历史学家周传儒。体育方面有郝更生、吴蕴瑞、申国权、宋君复等。

于凤至插班听政治课

张学良就任东大校长前，东北地区没有女子大学，各高校也不招收女学生。张学良上任伊始便倡导男女同校。1928 年 9 月，各科共 50 名女生走入东大校门。为鼓励女学生入学后努力学习，张学良还让夫人于凤至亲自到东大政治系插班听课。

创 业

或兴办实业、造福一方，或勤奋攻关、引领潮头，沈阳人骨子里就有一种创业者的天生气质。那句只有三个字的沈阳话说得最好最传神：“怕啥呀？”

老龙口的“龙城之口”得名

关东民间有句话：“一杯老龙口，一盘童子鸡。”“老龙口”是沈阳最早的民族工业之一。康熙元年（1662），山西地区连年遭受旱灾，山西太谷人孟子敬将家中产业卖掉，持银携带家眷“闯关东”，投奔在盛京城开酱园子的同乡张乐山。在张的帮助下，有家传酿酒技艺的孟子敬在内治门（小东门）外教军场附近建起一座烧锅，因该地址位于盛京东边门，俨然处于龙城之口，故名“老龙口”。当初在这座烧锅的院内有一眼深井，其水质清澈甘甜，而且水源久不干涸，素有“龙潭水”之称。这眼井水源好，加上掌柜孟子敬有独到的传统酿酒工艺，“老龙口”烧锅的酒在盛京城就这么有了名气。

奉天机器局：沈阳首座现代化工厂

清光绪二十二年（1896），盛京将军依克唐阿奏请设立的奉天机器局创立，开创了沈阳近代机械工业先河，也是我国机制银圆最早的企业之一。

1898年，奉天机器局开始正式制造银币。铸造银币的铸币机器和锅炉，都是从德国购买的。为保证安全，该厂当时以工人“裸身出入车间”而著名，他们也是沈阳最早的一批工人。

1903年，开奉天机铸铜圆之始，新铸机制铜圆代替了自春秋战国时期起流通了2000多年带方孔的制钱。

1919年，其奉天造币分厂（即“奉天制造银圆总局”）

并入奉系的军械厂，继续铸造银圆和铜圆，后改名为辽宁造币厂。沈阳解放后，改称“东北银行工业处总厂”，后来多次更名，1955年1月27日，新中国的第一枚壹分硬币，在该厂诞生。1987年，厂名改为“沈阳造币厂”。

肇新窑业打破日本垄断

1923年冬，一心实业救国的杜重远从日本学成毕业归国，在奉天经营陶瓷业。经过三年奋斗，他的肇新窑业公司成为奉天第一个新式砖窑。1927年春，他筹资30万元升级产能，张学良也从边业银行拨出现洋12万元作为个人股本投资。到1930年底，该厂年产各种陶瓷器约600万件，成为奉天规模最大的窑业工厂，也是中国机械制造陶瓷的第一家。日本人以肇新窑业公司挖其墙脚为由起诉到经济法庭，庭审中，杜重远严词答辩：“中国工人愿意到中国人开办的工厂工作，乃是上关主权，下关人权之所为，无可非议之举。”在奉天民族工商业者声援下，日方败诉告终，被迫转产耐火砖。

实业巨子张志良从火柴起步

1922 年，张志良串联了 7 名奉天绅商富户，集资 18 万元奉钞，在皇寺路后身创建了惠临火柴股份有限公司，其中张志良（字惠霖）任总董事，因而以谐音“惠临”为公司命名。惠临公司生产硫化磷麒麟牌红头火柴和双鹤牌黑头火柴，年产万余箱，产值 20 余万元。因其质优价廉，又是国货，一投入市场就深受欢迎，当年就收回成本，短短几年就迫使曾占据奉天市场多年的日资磷寸（火柴）会社垮掉。惠临公司还与各地火柴厂联手组成同业联合会，占领整个东北市场，行销关内，挤掉了当时曾称霸世界的瑞典火柴公司。

1924 年，张志良又集资 32 万大洋，兴建了奉天八王寺汽水啤酒酱油股份有限公司，张任总董事。该公司于当年 11 月投产，年生产能力为汽水、啤酒各 10 万箱（每箱 48 瓶），酱油 1000 万斤。八王寺汽水厂以水质甘冽、工艺出众而驰名，以“金铎”汽水和“金星”啤酒历久不衰。

王凤恩忘我攻难关

在研制中国第一台5000千伏变压器的实践中，在一穷二白的状态下，技术革新红旗手、沈阳变压器厂工程师王凤恩和工人们以厂为家，经常加班加点，甚至吃睡在车间，达到忘我的程度。

为“治疗”变压器中的电木筒毛病，他能在机器旁一连蹲上三天三夜，像医生把脉一样，细听机器转动的声音，细看工人操作。他在绝缘车间进行绝缘裁纸机改造，前后用了一年时间，搞实验达几十次，最终取得成功。1959年，王凤恩出席全国群英大会，被推举为大会主席团成员，并被命名为全国工业战线生产建设“十面红旗”之一。

“父亲教育我们：做就要做好，要么就不要做！”女儿王芳回忆道，“在父亲生命垂危的时刻，他还惦记着东北重工业基地的建设，临终前还交了2000元党费。”

施 政

从奉天到沈阳，从陪都重镇到国际都市，为政一方的历代“父母官”都留下了什么治绩？民心是最好的回答，历史是最客观的记录者，每一点的“好”都流传着呢。

张尚贤上疏开垦盛京土地

顺治十四年（1657），奉天府设立，时任辽阳知府张尚贤任首任奉天府尹。张考察治下，发现所经之处人稀地荒，一派凋零，于是写奏折上报朝廷，痛陈盛京地区形势之隐患，坚定了朝廷开垦盛京龙兴故地的决心。

耆英因禁烟得力而发迹

1838年，道光帝着手全面禁烟。9月，因原盛京将军宝兴禁烟不利，道光帝命热河都统耆英转迁盛京将军。耆英奉旨禁烟，处处面临掣肘，盛京贩卖、吸食鸦片者，很多与宗室皇亲沾边。禁烟之难，超过林则徐治下的广州。

耆英将玩忽职守、暗中阻挠的奉天知州鲍觐堂、复州城守尉协领博庆、宁海县知县袁振瀛等撤职查办。同时，严札奉天宗室觉罗总族长、内务府三旗佐领以下，有无吸食鸦片者，分别详细查明，造册呈报，以凭稽查，一经核明，无论宗室觉罗，官员兵丁，即行饬拿。对一般旗民，责令连环互保，彼此稽查，发动群众斗群众。

当时奉天鸦片主要来自福建，为杜绝烟源，耆英又下令对在奉天居住的福建人进行彻底清查，对兴贩吸食之徒，直接惩处，捣毁窝巢。铁腕打击之下，奉天的吸食鸦片之风一时得以扭转。

奉天首任市长曾有翼绰号“整得净”

1923年奉天设市之初，张作霖的不少嫡系都希望来当这个市长，但张作霖明白，这个位置不能让军人做，更不能让文盲做。苏家屯人曾有翼与其他奉系官僚不一样，他出身寒门，靠自己的努力考进京师大学堂，又一步步踏入政界，是个标准的知识型官员，他的一个重要履历是奉天省官地清丈局局长。在位期间，曾有翼主要工作就是划清公地和民地的界限，这个工作他的政绩很突出，顶着压力，在上下一片骂声中，划出了大量公地，为此得了一个绰号叫“整得净”。

靠着强大的土地统筹能力，1923 年建立市制后，曾有翼成为奉天历史上第一位市长。曾有翼做了 3 年市长，政绩突出，在任期间，总务、财政、工程、卫生、教育、事业 6 部成立办公，惠工工业区、沈海工业区规划完成，商埠地、大东工业区、古城区也完成功能分区，奉天还开通了第一条有轨电车线路。

沈阳首任市长李德新规划大刀阔斧

张学良“东北易帜”后，1929 年改奉天市为沈阳市。沈阳市的首任市长是营口人李德新。这位日本帝国大学的高才生，是曾有翼当市长时的助手。李德新是个市政规划专家，在早年给张作霖的市政规划报告中，他说："现在市郊之外建筑日多，若不亟图改正，早为计划，任人民自由修盖，将来参差错落，将与城内之旧街市同，不易整理。"

为此，李德新对城区进行了大刀阔斧的建设，按照他的计划，"奉天市之范围必将扩张，南至南市区南端，西至商埠地东界边，东至大东新市区东界，北以北陵北边为界。"李德新在任期间，北陵和福陵都变成了对外开放的公园。按照原计划，整个北陵公园的建设需要 10 年，分为植物园、动物园、游乐场，是现在北陵公园面积的近 1.4 倍，只可惜由于九一八事变，这个计划搁浅了。此外，李德新还主持建设了北陵大街，把惠工工业区与城内连成一体，铺设了古城经商埠地与沈阳站间两条有轨电车线路，建设了辽宁电灯厂、发电厂，完善自来水上水及污水排涝设施，设立若干公立学校。这位城建专家也不是没有恶评，旧城改造时，李德新主持拆掉了钟楼鼓楼，沈阳自此失去了这个重要的文化地标。

东北沦陷后，李德新拒绝与日本人合作，流亡关内。

陈云与“沈阳经验”

1948 年辽沈战役开战前夕，当时已兼任东北财经委员会主任的陈云给中央发去一份报告，即《把财经工作提到重要位置上来》，提出在军事上胜利的时刻，必须注意财经问题。很快，中央决定由陈云负责东北大城市的接收工作。

沈阳解放后，陈云只花了不到一个月的时间，就成功完成了接收沈阳的工作，并于 1948 年 11 月 28 日写出专门报告，给东北局并转中共中央。中央十分重视《接收沈阳的经验》这一报告，转发给各中央局和各前委，列为中共接收城市的“样板”。从此，解放军每打下一座城市，都参照陈云的报告执行。

陈云在报告中，总结了接收沈阳的十六字诀：“各按系统，自上而下，原封不动，先接后分。”他还总结了接收沈阳的五点具体措施：一、首先要恢复电力供应。二、要迅速解决金融物价问题。三、敌警察必须收缴枪支，让其徒手服务。四、稳定人心，传布政策，主要靠报纸。五、工资问题要妥善解决。

任仲夷的反问

1981年，某市歌舞团到南方演出，演员破天荒第一次手持话筒，在台上边走边唱，招致强烈非议。有报纸专文批评这是“资产阶级的腐朽台风”，《辽宁日报》对此应持什么样的态度？辽报领导让跑线记者范敬宜向省委第一书记任仲夷请示。

任仲夷听完情况汇报，默默地盯了范敬宜足有一分钟，突然发问：“马克思对这个问题是怎么说的？”

范敬宜讷讷地回答：“好像没有……”

“是啊，共产党的创始人从来没有讲过站着唱才是社会主义，走着唱就是资本主义嘛！”任仲夷悠然地总结道。

“那我们报纸该怎么办呢？”范敬宜有点急了。

任仲夷一摆手说：“共产党的省委不该管站着唱还是走着唱，这是该由导演管的事！”

赤 子

这座城市永远不乏赤子，这是为什么？在我们找到答案之前，赤子精神已经带给这座城市以永不枯竭的自省力和创造力。

张春孤愤绝唱《不二歌》

明崇祯四年（1631）八月，明与后金在锦州、大凌河一线鏖战。监军张春率军前来救援，中埋伏被俘，誓死不降。这时张春已六十七岁高龄，属于辞官后被起用。有史料上说，天聪汗皇太极被张春被俘后慷慨悲壮、铁骨铮铮的风采深深吸引，立志死活也要把这个人劝降。

其实，张春当时已是白发衰朽，又身为败军之将，皇太极不可能在他身上倾注太多愿景。后金把他送回沈阳，安置在大清门外的道教三官庙里（在今故宫太庙的位置），好吃好喝，委托一位白喇嘛供养着他，准其不剃发，甚至保留大明衣冠。这一切都是为了议和。

当时明与后金连年死战，两败俱伤，不仅皇太极，整个后金政权中的多数人，都认为与明朝议和是上策。这一点，甚至崇祯皇上本人也在私下认同。久在边疆的张春当然赞同议和。但是，大明独特执拗、“不与蛮夷和议”（平等谈判）的国家气质和气势汹汹的朝议，就是那样坚硬地存在，甚至达到了“谁谈议和就杀谁”的偏执状态。大凌河战役后，明廷方面传说张春战死，急匆匆给他办理了后事，夫人自缢“随夫而去”。不料事后却传来张春不仅活着，还要联系议和的事情，当时朝野一片哗然，舆论反转，说什么难听话的都有。

张春托白喇嘛为夫人做了场法事。但是大明议和之事，想都甭想。张春苦等十年，等来了皇太极改国号为大清，等来了盛京城的营建，等来了松锦大决战明军惨败的消息。清崇德六年（1641），张春绝食殉国，衣领中藏着他的遗诗《不二歌》，其中写道：

心在人之内，丹诚哪可忘。
之死矢靡他，苦节傲冰霜。
风疾草自劲，岁寒松愈苍。
委质许致身，临敌无回肠。
君父之所在，焚叩西南方。
富贵不可淫，威武甘锯汤。
既名丈夫子，讵肯沦三纲？
千秋有定案，遗臭与传芳！

诗句直白真切，冰心可鉴。张春死后，皇太极依其遗愿将他葬在离大明更近的辽阳。

乾隆心中梦萦魂绕之盛京

乾隆八年（1743），乾隆皇帝东巡盛京祭祖。这是他二十五岁登基后的第一次大规模出行。此行意义重大，行程安排丰富，又有母后、妻子陪同，乾隆心情大好，沿途多有诗作。除了御制《盛京赋》，他在进入盛京时的诗中写道：“延伫关山千里外，每怀瞻拜八年中。”他登基后，八年里每每想来陪都拜谒开国先祖，终于一朝得偿所愿，心情自然分外激动。

童寯：一个“恒温”的老式教授

梁思成到北平任职中国营造学社后，童寯接任东大建筑系主任。

不久九一八事变爆发，童寯帮助学生进关逃难，尽数携带东大建筑系教学资料和幻灯片到大后方，并于1949年将其如数归还东北工学院（今东北大学）。当东大建筑系部分三、四年级学生流亡到上海时，已加盟上海“华盖建筑事务所”的童寯邀请建筑界同仁，在他家中为这些流亡学生讲课、考试，历时两年。学生们在童家考试时，童寯亲提闹钟监考，长子童诗白穿梭考场之中，为大家沏茶倒水。这些学子毕业时，由上海大夏大学发给文凭。中国第一代国产建筑师，就这样在危难和忧患中问世。

抗战期间，童寯带长子去四川，夫人关蔚然带两个幼子留在上海，一别近八年。不少人在四川有“抗战夫人”，童寯却独善其身，抗战胜利后清清白白回到妻子身边。1956年，关蔚然早逝，此后，童寯数十年未再续弦。

童寯自幼家境优渥，但有时极为俭朴，一双皮鞋穿几十年，内衣多有补丁。写家信从不用新信封、信纸，而是把旧信封翻过来再写，在作废讲义的反面写信。晚年他每天坚持徒步到学校，校方提出安排汽车接送，被他回绝：“汽油宝贵，不要浪费在我身上。”后来校方为他购置一辆三轮车，童寯更为生气：“我最看不惯别人哈腰卖力气，自己坐在车上！”校方一再坚持，童寯最后答应由次子、50多岁的电子系教授童林夙蹬车。

童寯唯好收集机械手表，并每日三次校时。他的十只瑞士表永远都保持在五秒误差之内。

刚解放，鲁艺是最大的明星

1948年11月2日沈阳解放，东北鲁艺分布各地的五个团于3日相继开进沈阳，主要任务是面向社会欢庆胜利、宣传解放，而“将革命进行到底”是当时全社会的主题。“鲁艺的学生在实践中学习，没有固定的教室和教材，哪里有革命需要哪里有鲁艺的学生战士，烽烟指处即课堂，街头甚至战场就是我们的舞台，前面打着仗，我们就在后面演。”沈阳音乐学院离休教授赵左夫回忆，“当时演的秧歌剧、歌舞剧，都是老百姓愿意看的，1948年底至1949年上半年，几乎每天都在庆祝解放战争的新胜利。鲁艺的宣传队伍在沈阳独一无二，秧歌队让沈城市民大开眼界，甚至有的观众一直跟着鲁艺的秧歌队到处走。许多群众自发地向鲁艺同学送吃的表示慰问，那时公交车上只要佩戴‘鲁艺’校徽都不收票，但鲁艺的学生从来没占过便宜。每次秧歌队或活报剧在街头表演时，整条街道都热闹非凡，秧歌队里的男同志穿的是黑、蓝两色的新棉袄，头上扎着白毛巾，女同志穿红戴绿，腰上还系着五彩带，跳起来格外好看，那时前方战场一有捷报，我们马上上街表演、游行庆祝，当时‘鲁艺’是沈阳最大的明星！”

陈孟椙：父亲陈伸是个“太傻”的人

化学家陈孟椙女士回忆，“父亲陈伸 1910 年出生，高中时爷爷将父亲送到奉天中学读书。后考上旅顺工科大学，1934 年毕业后，在长春（当时叫新京）从事技术工作。”沈阳解放后，陈伸在橡胶厂当技术厂长、总工程师，“公私合营时，化工部派我爸去接收兴奉铁工厂。部里要求把这个厂子改造成化工部所属的中国第一个橡胶机械的生产厂。爸爸钻图书馆、找资料、翻阅外文文献、各处调研、去海南橡胶园蹲点。经过 10 来年的努力,不但生产出符合中国国情的橡胶机械设备，并用于全国各地，还培养出一批优秀的橡胶机械技术骨干。几年后，沈阳橡胶机械厂又把技术骨干输送到广西桂林和黑龙江桦林，又建成两个橡胶机械厂。从此，中国完成了国内的生产布点，为中国橡胶机械的生产首开先河。他是有资格配轿车的，可他始终乘坐吉普车。部里把买小轿车的钱都拨到厂里了，但考虑到厂里资金紧张，他说啥也不同意购买轿车。他常年都是带着饭盒去上班。困难时期，厂里也是有客饭的。那时能吃上一餐客饭，既解了馋，也给家里省了一顿粮。可爸陪客用餐，每每都是拿上自己的饭盒。客人吃客饭，他吃自己的，当时大家就说他太傻……”

沈延毅晚年煲电话粥

沈延毅天纵英才，不唯书法，诗词功力也深不可测，但其一生不失赤子之心。晚年依照高干待遇家中安装电话后，一大爱好是煲电话粥，常打市文联电话“26119”，跟哲成等弟子们聊这聊那，一聊就是几个小时。在电话尚不普及的当时，被传为段子。沈延毅有张晚年照片，就是拿着他心爱的电话在煲电话粥。

沈老讲话无论公私场合，从不转文，直抒胸臆有啥说啥，想起谁就“骂”谁。他老每次电话必“骂”哲成，有时想起还要“骂”别人，但哲成耐心听着——师徒之间，共过患难，所以相依为命，每天没见面没听着动静就想，这么想来，骂就是爱。

科 学

近世以来，科学改变了城市的命运，无役不与。无论走出去还是走进来的沈阳人都明白这个道理。可惜的是，总有一些人只相信他们自己的科学。

杨廷宝设计奉天总站

1926 年，建筑大师杨廷宝从欧洲考察回国。当他得知招标营建奉天总站的消息时，立即从天津赶往奉天投标。他以典雅朴实、气魄雄伟的设计方案一举中标，改变了以往由洋人在中国独揽设计权的状况。

曹诚英：中国第一位农学女教授

曹诚英，字佩声，是沈阳农业大学创办之初的十七位教授中唯一的女性。早年她是胡适婚礼上的伴娘，两人因而有了交集。关于两人的关系，世间传说很多，有人说，胡适诗中“山风吹乱了窗纸上的松痕，吹不散我心头的人影”，这人影就是曹诚英。后来她转而学农，在胡适和兄长帮助下，赴美国康乃尔大学取得遗传育种学硕士学位。

1952 年，已五十岁的曹诚英随复旦大学农学院并入沈阳农学院。她数年精心育种，推动了辽宁马铃薯生产。在品种杂交试种期间，她每天要到实验地去，播种时她要求助教一定带尺子，保证密植的精度。农学院师生们总是能在路上见到拄着拐杖的曹诚英，她身边陪着抱着小板凳和长尺子的助教汤国娥。曹诚英发表在《解放日报》上的《祖国爱我，我爱祖国！》文中说：“马铃薯是一种营养良好的佐餐品，而且是制造淀粉和酒精的重要工业原料，对逐步走向工业化的祖国将有很大用处。”

葛庭燧、何怡贞与金属所

1941 年 7 月 7 日，葛庭燧、何怡贞在上海完婚。婚后一个月，夫妻俩双双赴美。葛庭燧在美国芝加哥大学金属研究所工作期间，创造性地发明了被国际科学界誉为“战后最具天才发明”的金属内耗测量装置（葛氏扭摆），并成功地利用该装置首次发现了晶粒间界内耗峰（葛氏峰），奠定了“滞弹性”这一新理论的实验基础，被公认为世界金属内耗研究领域的创始人之一。何怡贞则在美国生下一子一女。

1949 年，葛庭燧、何怡贞夫妇偕子女返回国内。葛庭燧和一批归国科学家受到了毛泽东的接见，宴会上，毛泽东还亲手递给葛庭燧一个橘子，当得知他是蓬莱人，毛泽东笑说：“蓬莱是个好地方，蓬莱出神仙！”1952 年，全国院系调整，葛庭燧带着全家来到沈阳，参加了中国科学院金属研究所的筹建工作，从此在沈生活。

蒋新松笃行“持之以恒”

1996 年，中国机器人之父蒋新松在文章中写道：

从我上学的第一天起，母亲就开始为我讲故事，告诉我“吃得苦中苦，方为人上人”。还反复教育我，无论做什么事，最重要的是持之以恒。今天回忆我走过的历程，“恒”是母亲一生中留给我的最宝贵的财富，是走向成功的基石。不管在什么条件下，是逆境或顺境，“持之以恒”成了我的行动准则。

1997 年 3 月 30 日，蒋新松因心脏病猝然去世。2000年新松机器人自动化股份有限公司正式注册成立，他的学生曲道奎担任总经理。

文 脉

苦心孤诣，寻章摘句；孜孜不倦，考据精深。城市的文脉，决定了这里的人们最终会是怎样的一种气质，那是衣食住行一以贯之的气质。

唐人诗中颇提及玄菟

玄菟是西汉时期设立的辽东古郡，后来数百年中，因为边界不稳定，玄菟郡的辖区、郡治多次变迁。东汉时，玄菟郡的郡治迁到了沈阳现在的浑南区上伯官村。

唐太宗李世民东征时，在《辽城望月》中留句：

玄菟月初明，澄辉照辽碣。

映云光暂隐，隔树花如缀。

魄满桂枝圆，轮亏镜彩缺。

临城却影散，带晕重围结。

驻跸俯丸都，伫观妖氛灭。

他之后的沈佺期在《关山月》中写道：

汉月生辽海，朣胧出半晖。

合昏玄菟郡，中夜白登围。

晕落关山迥，光含霜霰微。

将军听晓角，战马欲南归。

这两首诗里提到的玄菟古城就位于现沈阳所辖的范围内，对于唐人征东诸战而言，玄菟是极其重要的一处边城。

沈州入诗始于金代

王寂的《沈州吊古》写于金代明昌元年（1190）二月，诗云：

李唐遭百六，边事失经营。
大氏十传世，辽人久弄兵。
战场春草瘦，戍垒暮烟平。
今日归皇化，居民自乐生。

前两联扣题追溯史事，说李唐王朝内乱覆亡之后，其边疆地区失去战略平衡，大氏的渤海国与契丹的辽国血战数十年。后两联写作者眼中的沈州景象以及心中感慨：古战场上春草刚刚萌发，旧时的营垒间炊烟阵阵；诗情画意，虽然美丽，都靠了本朝皇帝的德政和教化，百姓才能安居乐业。

这是“沈州”的城市名第一次入诗。王寂巡行辽东期间，一路作诗，他在庆云县放生了两条本来要在早餐时吃掉的鱼：

我哀濡呴辍晨馐，持送东城纵急流。

此去更饥须闭口，莫贪香饵弄沉钩。

这里的庆云县遗址，就在现在康平县境内的小塔子村。到元代，“沈阳”的名字开始出现，取代了沈州。

吕子羽夜宿广胜寺

金代吕子羽有《宿章义广胜寺》：

小邑本无事，我来劳简书。

路长频问马，人静厌烹鱼。

钟冷僧参外，灯残客余梦。

此心谁领会，松月夜窗虚。

诗人鞍马劳顿，被安排在广胜寺安歇。夜中寂寞难寐，也没有知音红袖，便写了这首诗。“章义”即现在的于洪区彰驿乡，此处自古就是交通要津，但当时县城不大，服务项目也不完备，否则诗人也就不会半夜与残灯松影为伴了。

曹雪芹祖上世守沈阳

曹雪芹祖上是明代怀远将军曹俊，从他开始，曹家世代担任沈阳中卫指挥使（县令级）。清代顺治年间官修的《辽东曹氏宗谱》记载：

> 俊以功授指挥使，封怀远将军，克复辽东，调金州守御，继又调沈阳中卫，遂世家焉。
>
> 历代承袭，以边功晋爵为指挥使，世职者又三、四人，子孙繁盛，在沈阳者千有余人，号为巨族。

到曹雪芹的五世祖曹锡远（又名曹世选）时，天命六年（1621），努尔哈赤攻占沈阳，曹锡远归顺后金。此后曹家跟随清皇室先后辗转辽阳、丰润、大同、南京等地，遂有关于曹雪芹祖籍的各种说法。

陈梦雷赋“留都十六景”组诗

陈梦雷在“三藩之乱”中蒙冤，流放盛京十六年，其间修成清代东北第一部地方志书《盛京通志》。

康熙二十六年（1687），陈梦雷已流放盛京五年，在盛京西郊建起“云思草堂”后，陈梦雷对盛京的山川胜景、人情风物产生了感情，写下“留都十六景”组诗：天柱衡云、开城霁雪、东园泛菊、龙石观莲、实胜斜晖、浑河晚渡、御园春望、黄山秋猎、沈水春游、永安秋水、大堤踏月、塔湾落雁、景佑晓钟、天坛松月、南塔柳荫、望云列障。其《天柱衡云》诗云：

一柱天开秀，居然岳镇宗。
如何有佳气，五色尽从龙。
功德千秋盛，蒸尝万国恭。
岐牛荒作后，葱郁至今浓。

铁保与《钦定八旗通志》

嘉庆四年（1799），铁保出任盛京兵部侍郎兼奉天府尹，他曾任八旗通志馆总裁，总领《钦定八旗通志》编撰。他还主持纂辑了汇集满人诗歌的《白山诗介》。在此书的基础上，他又编辑了《熙朝雅颂集》134卷，为保留满族文学遗产付出了很大心力。他还善诗文书画，书法上被称为帖学大家，与成亲王永瑆、翁方纲、刘墉并称清代乾嘉时期书法四大家。

刘文麟以鸦片战争入诗

第一次鸦片战争期间，刘文麟是在第一时间内以亲历亲闻而全面反映那场战争的诗人。他的《感事》组诗悲怆地书写了战争惨象：

烽燧连年照海红，貔貅万队拥元戎。
杀人最痛师无律，夺地徒闻贼有功。
民屋頽残千炬火，夷船往来一帆风。
珠江多少繁华梦，回首同归浩劫中。

晚年，刘文麟曾出任盛京萃升书院主讲。

吕思勉在沈发轫“吕通”

吕思勉治史勤奋，传世的《中国通史》即有多版，其中，《自修适用白话本国史》是第一部用白话文写成的中国通史。初版之后极受欢迎，不断重印再版。1920年1月至1922年12月间，吕思勉受聘在国立沈阳高等师范学校任教，这三年是他早期史学著述大爆发的关键时期，有《整理旧籍之方法》《中国古代哲学与道德的关系》等多篇著述发表于《沈阳高师周刊》上。他的成名作《自修适用白话本国史》也草创于此一阶段。国立沈阳高等师范学校后来改办为东北大学理工科，并入了东大。

李文信家往来皆鸿儒

李仲元小时，李家住在当时的辽宁省博物馆（原汤玉麟公馆）旁的崇让里胡同4号，是个独门小院。母亲在小院里种些蔬菜和花，夏天时小院特别漂亮。因为父亲李文信工作关系，很多东北乃至全国文博考古界的重量级人物，都成为李家“雅会”的座上宾，可谓名人云集。金京安、孙作云、向达、罗福颐……他们有的拿着文物，有的拿着书画，大家一起讨论。李仲元负责给叔叔、伯伯们端茶、倒水，妈妈则负责做一些点心招待客人，李仲元一边听他们争论学术问题，一边还能“揩点油”。学术讨论气氛通常热闹非凡。

李仲元现在回想起来说：“这是我的偏得，听他们讨论就像听课一样，接触到很多和考古、书法、绘画有关的知识。”李仲元对一些“叔伯”印象也极深，“金毓黻先生，斯文又低调，话特别少，激动的话也不用激动的情绪讲，没有闲谈，讲的都是和学术有关的事，与人谈话时多数时候都是别人说他听，谈到趣闻时也是浅浅一笑，虽不苟言笑但很亲切，举止言谈特别高雅，平时极为朴素，有时就穿个棉袍来我家。”

博 洽

那些人的渊博，超过我们想象，他们是怎么做到的呢？其实讲故事的人也不明就里，不，是不明觉厉。

陈梦雷与沈阳的隔世缘

《古今图书集成》的编纂者陈梦雷曾因涉“三藩之乱”被朋友出卖，于康熙二十一年（1682）流放至沈阳十七年，家中父母妻子先后亡故。

但陈梦雷笔耕不辍，先后编撰《周易浅述》《盛京通志》《承德县志》《海城县志》《盖平县志》等。《辽左见闻录》记载，陈梦雷为编撰《盛京通志》，除评考历史典籍外，还组织人力进行实地调查。“各州县官扶画工而行，分诣边外深山穷谷中，阅历殆遍，图其形而归，逾年志成”。

他编纂的《古今图书集成》后来也藏于沈阳故宫中的文溯阁，还曾为大帅府张学良“定远斋”的藏品。

乾隆帝钟情盛京风物掌故

乾隆帝对关东的风土人情，尤其是盛京的相关名胜物产都有掌握，有的还很有心得，这是从实地见闻中获得的鲜活经验。他在《今年奉天各县有收喜而有作》中，用“遍野黄云尚作堆，翠华行处鲜芋莱”表达了对眼中一派丰收景象的欣喜。尤其是他后来还写有《盛京土风杂咏十二首》，每一首都介绍了一种风物，标题则均为满语，如威呼（满语“小船”）、呼兰（满语“烟筒”）、斐阑（满语“榆柳小弓”）和法喇（满语“爬犁”）等等。另有《盛京土产杂咏十二首》，对当时沈阳的风俗特产做了描述。

高鹗自号“红楼外史”

高鹗祖上世居沈阳三台子，快四十岁才得中进士。此人从小痴迷《红楼梦》，清代诗人张问陶在送高鹗的诗中就说他“侠气君能空紫塞，艳情人自说红楼”，高鹗也毫不客气，干脆自号“红楼外史”。高鹗青少年时看的还叫《石头记》，没有刻印，只有手抄本，故事到八十回戛然而止。高鹗以此为憾，形容这是“染指尝鼎”。

乾隆五十六年（1791）春天，好友程伟元来访，并给他带来了“《石头记》后四十回”。程伟元说，这是他重金购得，虽然故事完整，但来自多家不同抄本，前后衔接还有问题，他问高鹗是否愿意帮他整理修订，之后程伟元就要刻印出版。高鹗于是“细加厘剔，截长补短”用了将近一年才告完成，并根据《石头记》中一支曲子把这部书重新命名为《红楼梦》，此即程甲本。完工之后，高鹗作有七绝《重订〈红楼梦〉小说既竣题》：

老去风情减昔年，万花丛里日高眠。

昨宵偶抱嫦娥月，悟得光明自在禅。

周铁衡自号“半聋”

周铁衡酷爱中国古典音乐，自号“半聋”，除了因为钦羡吴昌硕（号大聋）的才艺，还有一个原因：中国传统上将匏、土、革、木、石、金、丝、竹定为八音，他自谦只能听其一半。

周铁衡一度与淩其阵探讨古琴改良，因为抚琴时总觉得琴音发闷，弹着不激越。再就是，古琴与西洋乐器是不是能在一起配合？淩其阵鼓励他去尝试，周铁衡反复试验，却最终体会到，古琴和箫在一起才能最真切地表达文人内心世界最深邃的幽怨；将古琴琴弦改为钢弦也是有问题的，他后来又都恢复成了丝弦。

乌丙安上课从不点名

乌丙安从事民间文学、民俗学教研65年，晚年上大课，山沟沟里的民俗掌故信手拈来，演啥像啥，可荤可素，东北大姑娘怎么叼着大烟袋，老太太的小脚和天足走路有啥区别……20世纪80年代，辽宁大学中文系入学第一堂课一定是乌丙安为学生开讲。他上课从不点名，但阶梯教室永远满座，过道上都站着听课的学生。

乌老 85 岁以后，微信等现代科技仍操作熟练，且在朋友圈里非常活跃。他常年在外地工作生活，但通过新媒体，家乡有啥事第一时间就能掌握。直至九十高龄辞世前，晚年的他在朋友圈里都是非常活跃。

沉 浮

一面是红尘，一面是江湖。他们既阐释了“失败在于嘚瑟”的朴素人生哲理，也提醒观者和后来人：登场时可曾想过退场时？

奕颢因听戏罢官

宗室奕颢道光七年（1828）出任盛京将军。此人好听戏，将军府内竟有俩“弋腔戏”和一“徽班”轮番上阵。后有人向道光帝上折子，说盛京将军奕颢、副都统常明，皆喜“演戏宴会”，“服用奢华，务耽丰美”。道光帝至为节俭，最看不惯这样的败家子。大笔一挥，将此二人罢官，余怒未消，又下严旨给奉天府尹，将奉天城内剧班、杂剧一律驱除。

八卦街早年之“达人”风景

东北军阀汤玉麟和吴俊升等人主张，要将南市场建成带有传统兵家谋略色彩的市场。奉天商埠局的工程科长何毅夫（日本工科大学毕业）按照张作霖、吴俊升的意思，把南市场设计建设成八卦形的布局。有人说，这种布局是取古人摆八卦阵的战术,如有敌人进入此阵，就像进入神奇的阵中，有进难出，若干行人进入此地，随着沿街密布的商家、妓院、烟馆和鳞次栉比的店铺，游来转去，很容易沉浸其中，不知不觉增加了消费。

20 世纪 20 年代，南市场八卦街正式建成后，书馆林立。长得漂亮的妓女当时被称为“红人”，多被权贵赎身。如桂花书馆的红人王玉凤被奉天省省长王永江的儿子以 3000 元身价领去为妻，桃源书馆的红人崇金子被张学良手下的师长李子峰之子以 4000 元身价领去为妾，花玲书馆的红人筱楼被新民县郭县长领去做妾，等等。

“万人迷”惨死小河沿

艺人圈里，吸毒恶习古已有之，行话称之为啃海草。“相声八德”之一的“万人迷”李佩亭，就是一位啃海草的。此人擅说清口，掌握的段子超多，能说三个月不重样，是马三立之父马德禄的师兄。生意极盛时的“万人迷”日进斗金，常为当时权贵演出。后来染上赌博、吸毒的恶习，坑家败产，从北京到天津，又只身闯关东，到沈阳小河沿说单口相声。凭着老底子，李佩亭在凝香榭茶社一炮打响。但因他的身体已不能胜任演出，很快病倒，最终在沈阳郊区客店外的一条小河沟里寒病交困而死，尸体被找到时已经冻硬。

可叹他天大能耐，死时身上只一套单衣蔽体。

张作霖死后九年未能入土

皇姑屯事件中张作霖遇刺，灵柩暂时放在了大帅府的五间房。张学良请人选了位于抚顺东六十里的高丽堂子村南向阳的山冈，“此处前照铁背山，后坐金龙湾，东有凤凰泊，西是金沙滩，地脉好，是风水宝地，宜作大帅陵寝。”这就是后来的元帅林。

1931年元帅林即将完工之际，九一八事变爆发，大帅府被日军占领，日方将张作霖灵柩挪到了珠林寺，一放六年。为尽快让张作霖入土为安，张学良的部下以及亲信多次向日本人交涉，但是日本人却以此为要挟，“如果张妥协,那么日本将代其将张作霖安葬在元帅林。”张学良拒绝了日本人的要求。

1937年，已在伪满洲国出任高官的张景惠看到昔日“老疙瘩”的灵柩被停在寺庙里，不是滋味，一直张罗安排将其下葬。海城的乡绅听到这个消息，联名上书要将张作霖葬在故土。而张的老部下建议安葬在元帅林。日方其实对这两处都不称意，张景惠遂建议将灵柩安葬在锦县驿马坊张作霖母亲的墓地附近，得到日方首肯，并让张景惠全权操办丧事。1937年初，张学良被蒋介石软禁，后来至死也没能给父亲扫墓，这成为他毕生遗憾。

汲金纯人生低谷装糊涂

九一八事变时，奉系老派人物汲金纯恰在锦州吊唁张作相的父亲，张学良来电命汲金纯进京暂避，免为日人所用。随同汲金纯进京的家眷、随从等有近百人，张学良批了 20 万银圆，在天津英租界购得两幢楼房安顿，但此后汲家便断了生活来源。汲金纯的多年老友张海鹏和张景惠投靠日本后为汲金纯斡旋，屡请汲返奉“入伙”。他们说只要汲金纯回奉天，就可以发还原来家产的 70%，窘迫之中的汲金纯回到奉天住在商埠地宅邸，但却未任伪职只做顺民。据其子胡震回忆，因为汲拒绝出任伪职，家产只还了 40%。

关东军司令本庄繁曾亲自去劝说汲金纯“出山”，汲的孙子、新中国著名预审专家汲潮在《预审员的札记》中写道：本庄繁见到汲金纯后，优礼有加，亲热地说：“在我还是小小的参谋副官时，汲翁已是赫赫有名的上将军了。当年在辽西与俄人对垒，我曾于两军阵前一睹老将军之风采，老将军，您还认得我吗？”汲金纯装出一副不谙世故、老态龙钟的样子，眯缝着眼睛怔怔地看了半晌，说：“不，我不认识你。”在场的各色人等闻之目瞪口呆。

穆继多晚年仍不忘实业

反右运动中，实业家穆继多被错划为右派，情绪受很大影响，本溪煤矿给他保留职位，但他弃之而去，回沈阳开英语补习班，招收社会青年偷偷讲习英语。每到周末,他就带着学生们去沈阳周边的农村做地质勘测，大伙用从化学制剂商店购买的简易材料回家进行矿物质提炼，曾在当时东陵区的一个村子，发现了铜矿。

才 情

天才无极限，也不需要名片。他们生命的鳞鳞爪爪，构成了后世有关希望与神迹的谈资。

乾隆的帝王才具

乾隆御制《盛京赋》之后，清代也有其他文人写过同题，但他们无法比拟乾隆的帝王气度和大视角；嘉庆皇帝也写过《盛京颂》，但他的格局和才气远逊其父。

缪翰林家一门三进士

缪润绂少有文名，26 岁写《沈阳百咏》和《陪京杂述》。同光年间，缪润绂诗文冠绝辽东，科场上却屡考不中，直到1892年才中进士。缪润绂的曾祖父是康乾时期“留都多少能吟客，总让公才一着先”的盛京名士缪公恩，他最小的弟弟缪德喜，1820年也中了进士。1889年，缪公恩五世嫡孙、缪润绂之子缪延祺成为缪家第二个进士。缪润绂高中后，被授翰林院庶吉士，故称缪翰林。

辽东三才子同游皇寺

晚清时的“辽东三才子”荣文达、房毓琛、刘春烺是十分要好的朋友，有一次他们相约同游皇寺。三才子即兴诵七言绝句《实胜寺诗》：

红楼碧殿锁朱门，佛相金身马哈尊。
读罢丰碑谈往事，风流犹指骆驼坟。

房毓琛随手从囊袋中取出笔墨，大笔一挥，将诗句题写在了碑亭内的白壁之上。

林徽因设计东大校徽

林徽因设计的校徽被称为“白山黑水”，整体是一面盾牌，正上方是“东北大学”的四个古体字，“东北”和“大学”之间是易经八卦中的艮卦，同样代表东北，下面则是狼和熊对望的白山，寓意东北当时受列强的欺侮，形势危急，白山之下是滔滔黑水。“白山黑水”一直成为东北大学的标志，甚至作为整个东北的代名词。

张巨光大器早成

张巨光之弟张巨龄回忆：1947 年初，光哥不足 17 岁，只身离开了他就读的那所由父亲创办的“私立奉天回教文化学院”（沈阳市回民中学前身）到北平，进入“华北艺术专科学校”，攻读声乐，为男高音。1948 年平津战役期间，他所在的“艺专”参加了“七·五”运动，张巨光是几位领导者之一，国民党将他列入了抓捕的“黑名单”。为躲避追捕，他便与几名同学一起，奔赴东北，离开北京的那一天，正值他 19 岁生日。同年 9 月，光哥入长春东北大学（今东北师范大学）文艺系音乐科学习声乐。1950年从该校文工组，调入东北电影制片厂（今长春电影制片厂）当演员。1960年他扮演电影《刘三姐》中之老渔夫，其歌系家兄自己演唱，未由他人配音。

据载，当时饰演刘三姐的彩调演员黄婉秋只有17岁，只演过舞台戏，张巨光扮演老渔夫阿牛爹，与黄婉秋配戏较多，便协助导演苏里耐心地给黄婉秋说戏，给予黄婉秋很大的帮助，其实他当年也只31岁。

郭沫若、沈钧儒沈城吟诗

1949年1月22日，李济深、沈钧儒、郭沫若等55人在沈阳联名发表《我们对于时局的意见》的声明，明确宣告："在人民解放战争进行中，愿在中共领导下，献其绵薄，贯彻始终，以冀中国人民民主革命之迅速成功，独立、自由、和平、幸福的新中国之早日实现。"当时，有34位民主人士下榻沈阳文化宾馆（日据时期的大和旅馆，今辽宁宾馆）。

1949年1月28日（农历除夕）晚，中共中央东北局举行盛大招待宴会，款待在沈民主人士。之后，沈钧儒从餐厅出来，走向二楼楼梯，看见扭秧歌的队伍，顿生感喟，回房后以“除夕纵饮狂欢”为题，得诗三句：“一串秧歌扭上楼，神灯枉为日皇留。光明自有擎天炬……”第四句怎么也吟不出来了。第二天，天没亮沈钧儒就起来敲开郭沫若的房门，请他续之。郭沫若揉着惺忪的睡眼，信口吟出“照耀千秋与五洲”。沈钧儒连连点头，这正是他想说却又没说出来的意思。

此前来沈路上，诸公经过安东（丹东），当地热情招待，考虑沈阳天气寒冷，还为他们购置了御寒衣物，安排他们在一个鞋帽店自行选购合适的皮、棉帽，只是郭沫若头型特殊，选出最大号的仍然戴不下。

胡世宗：灯下的父亲，写诗的心苗

胡世宗出生在铁西区应凯里第八栋平房。沈阳解放后，其父胡庆荣在厂子里当过车间主任、工会主席、支部书记。在胡世宗印象里，父亲文化不高，几乎没上过学，全靠刻苦自学。“他在工厂里做宣传工作，编快板，写顺口溜和拉洋片的词，20世纪50年代初期，《沈阳日报》上报道过我父亲在工厂里搞文化宣传的事儿。那时我很小，时常见父亲点灯熬油趴在枕头上，用笔顶着下巴编写押韵的东西，这也许是在我心里埋下了写诗的小苗吧。”胡世宗说。

言 辞

万千言辞润色人事，其来有自，人是语言的动物。笑与泪都从言辞的机锋中来，从真心的倾吐和善意的谎言中来。

康熙诗赞美海东青

从女真人到满族人，海东青都是最高的图腾之一。海东青是生于辽东的一种大鹰，凶狠鸷恶，捕食小兽，是关外著名的猛禽。康熙皇帝曾写诗赞美海东青：

羽虫三百有六十，

神俊最数海东青。

性秉金灵含火德，

异材上映瑶光星。

张作霖的个性演讲

一次东北讲武堂学生毕业之际，张作霖作为大帅前往致辞，他走上演讲台，只见下面黑压压一片学生，全场鸦雀无声，紧张起来。第一句还背得出来："我张作霖戎马半生，饱经忧患……""作霖戎马半生，饱经忧患……"僵持半晌，张作霖突然破口大骂："他妈拉巴子的，我原来背得很熟，但看到你们，一高兴，都忘了！"接着走下讲台，绕着毕业生走一圈，频问姓名，频拍肩膀。接着重新登台，大声说："我看到大家太高兴，许多要说的话偏偏想不起来。你们都是好小子，好小子就要好好干。你们毕了业，可以当排长，再好好干，可以当连长、营长，以至一路上去可以当团长。"他告诉学生，只要不贪生怕死，"想要啥我都给，但有一样，”他开始慢条斯理了，“但有一样例外，只有我老婆不能给你们！”全场欢声雷动。

郭松龄自陈抱负露峥嵘

郭松龄起兵反奉，日本人居中调停。守田医生带着张学良的信来劝他回心转意，郭跟守田说：“此次举兵是经过深思熟虑的，现在再不能中止。我已经 42 岁，这样的病躯，也许活不了多久了。如果张上将军（张作霖）痛改前非而下台的话，请学良到日本去留学三四年，自己的经纶抱负实现一部分之后，就将位置让给张学良君，自己愿意下野，静度闲云野鹤的余生，这不是假的，是真的。为此，可请吉田总领事、白川司令官等做保人。”张学良听到此言，才明白师徒情分已尽，郭不会回头了。

林徽因笑声里的沈阳故宫

林徽因在东北大学除教授美学与建筑设计、雕饰史等课外，还教专业英语课。林徽因在上美学与建筑设计的第一堂课时，把学生带到沈阳故宫的大清门前，以现存的古建筑作教具，让大家从这座宫廷建筑的外部去感受建筑与美的关系，然后问：“你们谁能讲出最能体现这座宫殿的美学建构在什么地方？”

大家很热烈地讨论起来：有的说是崇政殿，有的说是大政殿，有的说是迪光殿，还有的说是大清门。

林徽因笑了：“你们注意到八旗亭了吗？它没有特殊的装潢，也没有精细的雕刻，跟这金碧辉煌的大殿比起来，它还是简陋了些，而又分列两边，就不那么惹人注意了，可是它的美在于整体建筑的和谐、层次的变化、主次的分明。中国宫廷建筑的对称，是统治政体的反映，是权力的象征。这些亭子单独看起来，与整个建筑毫不协调，可是你们从总体看，这飞檐斗拱的抱厦，与大殿则形成大与小、简与繁的有机整体，如果设计了四面对称的建筑，这独具的匠心也就没有了。”

曹诚英心里的“革命家庭”

曹诚英无子无女，她晚年在沈阳农学院院刊上发表《革命家庭乐不胜》，其中写道：“假如你在星期六或星期日晚间到我家来，房间里的人总是挤得满满的，谈谈笑笑，多么和睦的一家啊，你会以为我是个多儿多女的老人。说真的，我的这些学生啊，比亲生的儿女还亲，我正在温暖和睦的，充满了友爱的大家庭里度着幸福的晚年。”她的助教徐仁杰教授回忆：当年曹先生的眼睛已经很不好了，她写这篇文章的时候，她坐在那里说，要我给她记。她的灵魂像是坐在她的嘴上，优美的文字和充沛的情感静静地流淌，我一边记一边被她感动。

罗哲文一语胜千言

2001年，沈阳市文化局就“一宫两陵”（沈阳故宫、清福陵、清昭陵）申报世界文化遗产的申报程序和方式步骤等问题，专门征询了罗哲文的意见。当时罗老正在世界遗产委员会负责相关工作，他给出宝贵意见，“‘一宫两陵’作为独立申报项目出现，成功难度较大，最好能够以扩展项目的身份参与申遗。”2004年6月28日，沈阳“一宫三陵”（与抚顺的永陵联合申报）作为扩展项目成功进入《世界遗产名录》。

宋雨桂晚年领悟“生命之于艺术”

宋雨桂晚年曾言：“迁想妙得，迁什么东西，想什么东西，是一个艺术家自己的。比如说茅台酒好喝，好喝在哪，就是最后那一点淡淡的苦涩，人生也是如此。人一辈子要经历各种煎熬，尤其是艺术家，经历各种毁誉，才能实现涅槃。画画也好，收藏也好，都是历史。作为一个画家，要关注历史，关注中华民族的命运，民族的兴衰，自己要有一种责任，这么多年来，我觉得应该关注。一辈子，只要能干一两件好事，就可以了。”

耿介

直指人心、面恶心善是不是耿介？大言不惭、直言不讳是不是好人？而那些总是狂狷骂世的人，又到底想得到什么？

朱轼直言怼回雍亲王

奉天府尹朱轼曾被雍亲王胤禛聘为家庭教师，专门教育弘历。朱轼要求极其严格，雍亲王对朱轼说："教也为王，不教也为王。"意思是说，我这孩子生在帝王家，教育他也是做王，不教育他也是做王，你老先生这么严又是何苦。

朱轼直言以答："教则为尧舜，不教则为桀纣。"意思是说，教育好他，就可以使他做尧舜那样的贤君；不教好他，就会成为夏桀、商纣那样的暴君。怎么地，你想让你儿子将来当昏君呗？四爷无言以对。

雍正在位时，朱轼任圣祖实录总裁，拜文华殿大学士，兼吏部、兵部尚书。乾隆在位时，他任世宗实录总裁，命协同总理事务。

张学良为争口气考进讲武堂

东北讲武堂新创，张作霖听说张学良也想考，大吃一惊，就说他：你考讲武堂不给我丢人吗？你一到那儿学不了干不了你又退出来这多丢人！张学良说：别人能考进去，别人能干我为什么不能干？我一定能干好，能学好。张作霖说：你要真正能把东北讲武堂读下来，能毕业了，我给你一个团长当。张学良当时就以卫队的一个营长的名义进入讲武堂。

他在讲武堂学习非常刻苦，经常考第一，张学良曾刻一方"十八冠军"的印章，他晚年坦承：不是我个人有能耐，这些学员大部分都是行伍出身，再加上我比较刻苦，所以我能考第一。

黄侃在东大：将来不会作白话文是不行的

黄侃任教东北大学时，某日夜间回到北京。下火车后不顾劳顿，让他儿子黄念田手里提着灯笼，连夜赶到友人家，十分兴奋地说："我在东北见到了曾运乾先生，与他深谈两夜。他考定的古声纽中，'喻'纽四等古归'定'纽，'喻'纽三等古归'匣'纽。这是很正确的。我的十九纽说应当吸收这一点。"喜悦之情溢于言表。其实当时黄侃已以"古韵二十八部古声十九纽"名扬天下。黄侃喜爱旧学，对新潮流不太适应，故与当时新派人物多不和睦，胡适为新派代表，当然与黄侃成了两股道上跑的车。但胡适在解除国文系教授林损的聘约后，曾评论道："章太炎、黄季刚（即黄侃），天分高，肯用功！林公铎（即林损）天分高，不用功！"

再说到作为新潮人物特征之一的白话文，陆宗达曾回忆："1927 年，我随季刚先生到沈阳时，他便恳切地对我说：‘你要学习白话文，将来白话文要成为主要形式，不会作是不行的。我只能作文言，决不改变，但你一定要作白话文。’”

“大侄子”拒绝吴俊升

沈城民俗学家和文艺家吴学贤回忆：他父亲吴尚卿曾有缘结识吴俊升，被其称为“大侄子”。吴尚卿16岁时被送到哈尔滨学做生意，后来报考哈尔滨税专局成功，分到哈尔滨官马市场当主任税务员，因而认识了奉军大人物、黑龙江督军吴俊升。

在很多人眼中吴俊升粗鲁、愚昧，是“吴大舌头”，在吴尚卿眼里，吴司令是个很有义气的人，之所以常流口水、口齿不清，是因为小时发高烧留下的后遗症。曾贩过马的吴俊升特别喜欢马，经常去官马市场逛。交往中，吴尚卿得到吴俊升的赏识，一查发现两家还有渊源，打那吴俊升就叫吴尚卿“大侄子”，过年时吴尚卿还去过吴俊升家里拜过年，吴俊升对吴尚卿说：“当个税务员有什么前途？我给你个旅长做做！”还当场签了委任状，吴尚卿和家里商量后拒绝了。后来，吴俊升两次命人将旅长的薪俸送到了家里，也被拒绝。

这事被吴尚卿的二弟吴尚真知道后，决定“替哥从军”，他背着家里投奔了吴司令，可惜他并没有好好把握机会，得势后打着吴司令“侄子”的旗号，四处欺强凌弱，最终被吴俊升给枪毙了，此事被当地百姓传为“吴司令枪毙亲侄”，吴俊升还得了“大义灭亲”的美名。

杨宇霆心里有个“周公辅成王”

杨宇霆曾对妻子说过：“我是卖给张家一样，他是土匪，我是‘水箱’。他是皇帝，我是宰相。但有一样，就是他们张家做错了事也不成。”据其子回忆：父亲致死的原因很多，其主要错处是以周公辅成王的故例自诩，故对张学良将军行事不妥的地方常加规劝。例如劝张戒毒，或有时政务紧急，各厅官、处长见不到张时，他就不分青红皂白对张大加谴责。张当时年轻气盛，当然是不会满意的。

内藤湖南：满蒙不是日本的

九一八事变的主谋之一石原莞尔曾在日本拜访当时中国问题的头号专家、京都帝国大学教授内藤湖南博士。石原莞尔问："从历史上看，满蒙是支那的还是日本的？"

内藤博士毫不含糊："支那的。"

石原不死心："不能说是日本的吗？日俄战争时为了保住那块土地，日本付出了那么大的牺牲代价……"

内藤博士摇摇头："那是另外一回事，日本守卫自己的生命线是当然的。但从历史上来看，所有的文献都只能证明满蒙不是日本的领土。1900 年我发表了第一篇学术论文《明东北疆域辨误》就明确地指出了这一点。"

石原丧气地说："是这样？太遗憾了。"

内藤继续说了下去："作为一个日本人，我也非常想主张满蒙是日本领土。但是，学问是不可以歪曲的。"

雅 量

一直一直在打动着世人的，最后的最后，总是心底的那么一点纯粹，什么也不用多说了。

吉谦阶玉成“鹿鸣春”

20 世纪 20 年代，吉谦阶在沈开办了洞庭春饭店和明湖春饭店，而后来的鹿鸣春创办人王星垣本是洞庭春堂头。听说王堂头想独挑门户，老板吉谦阶没有阻挠，反而大力支持。1929 年，王的新店开张，命名为“鹿鸣春”，也是吉谦阶给起的。

吉谦阶长于诗词，书法遒劲。王星垣求他起店名时，他说："前有二春，不如再添一春。三春争艳，浓郁芳菲，岂不甚好。就叫'鹿鸣春'吧！"《诗经·小雅》以及三国时曹操在《短歌行》篇中都写道：呦呦鹿鸣，食野之萍。我有嘉宾，鼓瑟吹笙。用鹿鸣来表现良主佳肴，笙瑟相和的宴会盛况再合适不过。吉谦阶还题写了"鹿鸣呦呦群贤毕至，春意洋洋玉宴频开"楹联，悬挂于鹿鸣春饭店门前。

张学良约稿张恨水

1929 年 8 月的一天，一位东北军的军官闯进北平的张恨水家，自称东北边防司令长官张学良的副官，说："张司令请你同我一起到沈阳去见他。""可知道是什么事吗？""不知道，到那就清楚了。""几时动身？""火车票已经办好，就搭今晚的车。"张恨水心生狐疑：自己与张学良素无交往，但近时在上海《新闻报》连载的《啼笑因缘》，一定被张学良看到了。他向家人告别时说："《啼笑因缘》出事了，可能张学良认为书中刘将军是暗写他父亲，要我去沈阳走一趟。此去后果如何很难料定，家中要有个准备，万一出事，就先向朋友告借，及早迁回安徽老家。”

没想到，张学良在沈设宴欢迎他，席间谈到《啼笑因缘》的创作，张恨水解释：“沈凤喜确有其人，只是姓名改了。刘将军则是纯属虚构的。”张学良豁达开朗，笑着说：“你不愧是个大手笔，也希望你能帮助我们活跃东北的文坛啊！”张学良听到寄来新印的《春明外史》100部正托《新民晚报》代售，立即遣副官去买20部，随后发给府中任事者，几乎是人手一部。第二天，张学良又邀张恨水长谈，并安排他与省城文艺界、新闻界人士会面、座谈。后来张恨水又在沈阳《新民晚报》上连载了小说《黄金时代》。

朱鸣冈愚直可欺

鲁迅美术学院荣誉终身教授、当代版画泰斗朱鸣冈甚为愚直，一些骗子因而上门骗取书画。他的亲友回忆，“有些人花言巧语，朱老其实都明白，他们就是来骗作品的，可是他每次都让骗子‘得逞’。我们觉得奇怪，就问朱老，他说：‘如果我不给他，他还会去做偷窃或者其他危害社会的事，给了他，应该就不会给社会添麻烦了。再说，他们骗人兴许也有不得已的难处。’”

决 绝

没有舍哪来得，不疯魔不成局。个人的悲喜剧是时代导演的活剧。谁愿意总是过着或极度紧迫或充满抉择的生活？但是，总会有人来找你“担责任”，尤其是你心里的那几个人。

张作霖三夫人戴宪玉一怒出家

张作霖家教甚严，一切都按律要求，赏罚分明。三夫人戴宪玉的胞弟在帅府当警卫，晚上外出游荡，用短枪连射路灯作为游戏，结果一条马路的路灯全被击灭，电灯公司发觉后向帅府禀报。张作霖命令卫队长将其枪毙。卫队长以戴某系张作霖之至亲，罪亦不至于死为由，暂时将其禁闭起来。几天后，戴氏趁张作霖高兴的时候，为弟弟求情。张作霖方知晓戴某还活着，极为震怒，对卫队长说：“倘不立即枪毙他，我就立即枪毙你。”事后，张作霖对戴氏说：“我实在是迫不得已，我不能私亲戚以辜负家乡父老，那还有什么脸面治理政务呢？”戴氏不胜悲痛，与张作霖决裂，削发为尼，离家遁入佛门。

赵庆华登报与赵一荻断绝父女关系

1928年，经《北洋画报》创办者冯武越介绍，张学良在天津舞池中与赵家四小姐一荻一见钟情。不久，两人的事情就为赵家所知。四小姐之父赵庆华做过北洋政府交通部次长、参议院议员。当时张学良已有妻室，赵庆华无法接受自己的宝贝女儿嫁入张家做小，迅速为她指定一门亲事，并将其软禁。

就在当时，时局剧变接连发生：北伐军逼近北京，张作霖回奉天路上被炸身亡，张学良秘密返回奉天接掌大权、通电东北易帜、除掉杨宇霆和常荫槐……一直忙到 1929 年初。赵家看张这边久无声息，对四小姐的看管就松懈下来了。《北平画报》上还发了赵四小姐的封面照。1929 年 3 月，病中的张学良给赵四小姐打长途电话，问她能否到奉天一游，她欣然应邀，在得到兄姐暗中相助后寻机逃脱，从天津到了奉天。关于此事，也有史料称是张学良派副官陈大章到天津把她接走的，理由是“到奉天朋友处探病”，当时已失势的赵家无力阻拦。

赵四小姐到沈后，张学良将她安顿在北陵公园附近别墅里，对外称为少帅的私人秘书。“赵四小姐私奔奉天”在当时成为小报头条。从 1929 年 9 月 25 日到 29 日，赵庆华在天津《大公报》上连续发启事：“四女绮霞，近日为‘自由平等’所惑，竟自私奔，不知去向。查照家祠规条第十九条及第二十二条，应行削除其名，本堂为祠任之一，自应依遵家法，呈报祠长执行。嗣后，因此发生任何情事，概不负责，此启。”

老爸将四女儿从赵氏宗祠开除，断绝一切往来，并引咎从此不再为官。此后直到 1952 年赵庆华病逝于北京，父女二人再未相见。不过，赵四小姐后来听说，父亲弥留之际，曾把一双象牙筷交给女佣刘妈，嘱她日后设法交给女儿，并说“她一看就明白了”。

据张学良晚年回忆，赵四小姐当年来沈，“只是来看看”他，然后“还是要回去”。可赵庆华这样一登报，断了她后路，反倒回不去了。不过，张学良于情于理也无法辜负她了。由此可见，赵庆华之举并非冲动。1930 年 11 月，张学良和赵一荻的儿子张闾琳出生。

齐世英直面与张学良恩怨

张学良很早就通过郭松龄认识齐世英，并对其颇为器重，但郭后来与张家父子恩断义绝，少帅始终认为是齐世英、林长民等文人在背后撺掇了郭。

张学良和奉系中很多人都觉得：谁都可以反对老张家，但是齐世英不应该，其父齐鹏大在张作霖的军中由营长做起升为旅长，忠心耿耿，齐世英早年到德国留学，“都是老张家掏的钱”，所谓政府公开考试遴选的“官费留学生”，其实名单是张家定的。

对此，齐世英后来有言：“培养我是国家之力，并不是培养了我这个人出来就是要给军阀私人卖命的。这都是军阀不分公私的毛病。”而且，他认为自己用的是“官费”，是老张家搜刮的民脂民膏，纵使“经手人”是张家，他也绝不因此领情效忠。

1936 年，国民党召开全国代表大会，在选举国民党中央委员前，张学良对蒋介石说：“东北人除了齐世英，其余谁当中央委员都可。”

张学良掷硬币枪杀杨常

张学良主政、东北易帜后，杨宇霆、常荫槐摆老资格，对他时有顶撞。张学良对此极为不满。1929 年 1 月 10 日午后，杨、常来到帅府求见张学良，要求成立“东北铁路督办公署”，以常荫槐为督办。二人还带来了事先拟好的文件要张签字（张事先并不知晓）。张学良婉拒，二人纠缠不已，杨厉声说道：“别跟我咬文嚼字的，说那些没用，赶紧签字！”常也阴沉着脸粗暴地吼道：“少扯这袄领子！刹棱签了！”张提出晚上再议。杨、常于是离开。

二人走后，张学良把杯子摔个粉碎。于凤至听到声响从楼上跑了下来，见张脸色铁青，问道："汉卿，为何如此生气？"张答："大姐，二贼欺我太甚！"于设法劝慰："古人在遇难事时，以卜决疑。今日不妨卜上一卦，听从天意吧！"

张顺手摸出一块银圆说："这块大洋我向高处投掷三次。如正面全朝上或全朝下，就是天让我杀杨、常。"夫人无奈，只得说："也行，你投我看。"张拿银圆向空中接连投掷三次，结果都是袁头朝上。张仰天长叹道："天要我杀掉二贼！"于凤至将银圆拿起看了看说："银圆两面字图不一样，可能有轻有重，大概袁头这面轻，所以都朝上。"张学良说："大姐，你这是妇人之仁，天意不可违啊！"于凤至说："那就最后一回吧！"

张同意重新将银圆向空中掷去，前两次都是袁头朝下，张向父亲的灵位叩了三个头后，最后一掷，又是袁头朝下，张学良直起腰来说："天要我杀掉他们，你不必再阻拦了。"

李默然：今后广告一次都不拍

20 世纪 90 年代初，中国剧协的两位书记和李默然谈起第二届中国戏剧节的经费尚无着落的困难情况，想请李默然为国家戏剧节筹资 20 万元。当时中国戏剧正在低谷中徘徊,作为中国剧协副主席的李默然慨然应允。

面对纷至沓来的广告商，李默然犹豫很久，最后选择了一家胃药品牌，酬劳是给第二届中国戏剧节 20 万赞助。广告播出后，很多观众寄信表达不满，有战士写信说：“您一直是我心中的偶像，没想到您也把自己当成商品……”

这次代言成了李默然一生中最后悔的事。他说：“这个广告伤了他们的心，我就悟到了一个道理，我什么权利都有，我就是没有权利伤害广大观众。我就从那时下定决心，今后广告一次都不拍。”

名 医

自古多名医，沈阳是充满医生的城市，也是患者熙熙攘攘的城市，生死之间不乏“神迹”式的传说。无论是本事通天彻地的神医，还是总用余光看你的巫医，还是有诸般器械加持的西医，他们都是缘病而生的，只不过病有内外缓急之分而已。

马二琴因琴缘得名

马英麟1892年生于沈阳，不仅是著名的中医大家，且学识渊博，诊余馆中抚琴，或庭中舞剑。马自小擅弹古琴，原有一七弦琴，名“澄彻天”。后又得一琴，古香古色，斑斓可爱，名“一天秋”，系严嵩之子严世蕃故物，遂自号“二琴”，并改室名为“二琴山馆”，马亦因此自诩，并终以此名行世。

雅好须有经济基础。二琴自研妇科名药“马二琴调经甘露饮”，每瓶一块大洋，一疗程十二瓶，春雨堂岁入多时可达三千大洋。二琴膝下七子一女，其中三子有子女，另外叔叔一家和他一起生活，一家共二十多口，全靠二琴行医收入。

据其徒开原彭静山回忆，初次拜见马先生，见其不到四十岁，身穿串绸大衫，胸侧纽襻上悬挂半个黑大钱。当时彭很奇怪，后来听同学说，这是王莽钱，属于珍贵古玩，可值十几块大洋，当时一般家庭月入仅几块大洋，故彭闻之目瞪口呆，舌翘不能下。

司督阁开办盛京施医院

司督阁是苏格兰人，英文名杜格尔德·克里斯蒂。他 1881 年 7 月毕业于爱丁堡的医学传教士学院，1882 年受苏格兰长老会的委派，到中国东北施医布道。

1883 年 5 月，28 岁的司督阁谐夫人带着“传颂上帝的慈爱，以医学技术服务于满洲民众”的信念来到盛京，在城东小河沿，筹建盛京第一个西医诊所。开业之初，出于好奇，前来看热闹的人居多，真正来诊所看病的中国人寥寥无几,有些居民免费拿到西药后并不使用，而是扔掉了。

1883 年 7 月霍乱在盛京城流行，患者投医无路，诊所的门诊量一下子翻了 2 到 3 倍。当时的盛京城在这场亚洲大霍乱中约有 2 万多人死亡，而到盛京西医诊所求治的病人则全部获得治愈。1885 年春，司督阁把小河沿盛京西医诊所后面的一座破旧建筑租来用作病房，建起了一座临时医院，取名“盛京施医院”（今辽宁省肿瘤医院坐落于此），并在医院门额上方挂了一块“博施济众”的牌匾。一天，司督阁给一位已失明多年的商人做白内障晶体剥离手术，引来众人围观。术中，司督阁大声地问患者：“我竖起几根手指？”“三根。”患者说道。“我看到了，我能看到了！”人群中发出一阵惊愕和敬畏的叹息，他一下成了民众心目中的神医。

1912 年，奉天医科大学全部建成，成为东北三省第一所医科大学，司督阁任校长。

司督阁与左宝贵

1886 年春，一名腿部中弹化脓感染较重的清兵伤员来到盛京施医院，做手术取出子弹后，这枚子弹被带回去交与他的上司左宝贵总兵。左宝贵为此专门会见了司督阁，二人交了朋友。而后左总兵长期慷慨地向医院提供捐助，还将盛京施医院视为自己的部队总医院。

杰克逊为防治鼠疫捐躯

1909 年，在盛京创建医学院的司督阁回英筹款。此时，亚瑟·杰克逊已于剑桥大学毕业，获文学学士和医学博士学位，他到爱丁堡向司督阁毛遂自荐，后者便把他带到中国。

1911 年初，杰克逊到盛京刚两个月，东北就爆发了肺鼠疫。东三省总督锡良委派司督阁成立奉天防疫委员会，杰克逊被紧急调入委员会。他们发现，导致这次鼠疫急剧扩散的罪魁就是俄日修建的中东、南满铁路。杰克逊自告奋勇，到火车站对每一位过往旅客进行体检，排查鼠疫患者，因过于劳累不幸染病。杰克逊垂危之际，对来看望他的人说：“退后！退后！不要靠近我，家人还等着你们回家过年！”很快，26岁的他撒手人寰，司督阁悲恸欲绝。

一周后，鼠疫警报解除。追悼会上，总督锡良率众出席追悼会，宣读了亲笔写的挽文，大意是：“在活着的时候，您是个勇敢的人，现在，您是一位尊贵的神灵。高贵的神灵，您为我们献出自己的生命，而且一直在帮助我们，那么就请永远保佑我们吧！”锡良请司督阁转交给杰克逊母亲10000元抚恤金，并向杰克逊参与筹建的盛京医学院捐赠5000元。杰克逊母亲寄回了一封感谢信，并将10000元抚恤金捐给了盛京医学院。“多么伟大的母亲！多么优秀的儿子！”深受感动的锡良，又为学校捐出4000元。

伍连德拯救东北

1910 年 12 月，清政府任命马来西亚华侨伍连德为东三省防鼠疫全权总医官，到哈尔滨进行调查、防治。他在世界上第一次提出“肺鼠疫”的说法，在此之前，人们并不了解肺鼠疫，不知道这种病可以在人与人之间经呼吸传播，医生护士也都不戴口罩。伍连德发明并命令赶制了大批特殊加厚的口罩，老百姓也纷纷戴上了口罩，疫情传播和死亡率得到了控制，人们后来把这种口罩称为“伍氏口罩”。

1911 年 4 月，伍连德出席在奉天召开的万国鼠疫研究会议，任会议主席。1922 年，伍连德受奉天督军张作霖委托，在沈阳创建东北陆军总医院（中国人民解放军 202 医院的前身），该院是中国历史上第一座大型军医院，是当时中国规模最大、设备最好的医院。

梨 园

戏比天大，毕生敬畏，搏命无悔，上台唱戏的人和台下沉迷的人是两个世界，就像懂戏的人和玩猫遛狗的人更是两个世界。

任庆泰拍摄《定军山》之鳞爪

无锡人吴震修回忆：“光绪末年，我在京师大学堂师范馆教书。课余，我总喜欢逛厂甸。大约是在一个秋天，有一天我照例又晃进了琉璃厂。经过丰泰照相馆附近的一个广场，老远看见临时支着一块白布，有些人在拍照。我走到跟前一望，哪儿是拍照，简直是在拍活动电影呢。而且还是我们最崇拜的一位老艺人谭鑫培，扎着一身黄靠，手拿一把金刀，耍了一个《定军山》里的大刀花下场。旁边站的几位都是谭氏的家属和亲友们，人数并不多。那位照相馆老板是个大块头，跟我很熟，他也在旁照料一切。可惜拍得不多，一下子就算了事。后来还在‘大观楼’电影院公演过。这恐怕是京戏上镜头最早的一幕吧。”

这是中国第一部电影《定军山》的最早见证回忆之一，吴所说“大块头”照相馆老板即任景丰。此人原名任庆泰，生于法库。后在北平开设保和堂中药铺、老德记西药房以及汽水厂、桌椅店等，又在前门外大栅栏开设了大观楼影戏园。1892 年，他在琉璃厂土地祠内创办丰泰照相馆。1905 年他与技师刘仲伦用法国造的木壳手摇摄影机拍摄谭鑫培主演的京剧《定军山》片段“请缨”“舞刀”“交锋”，同年还拍摄谭鑫培主演的《长坂坡》片段。后相继拍摄《青山石》《艳阳楼》《金钱豹》《白水滩》《收关胜》《纺棉花》等京剧片段。因为是无声电影，这些影片选拍的多是武打和舞蹈动作或富于表情的场面。这些影片，先后在大观楼影戏园和东安市场的吉祥戏院放映过，“有万人空巷来观之势”。

马二琴巧改戏文

名医马二琴早年在小河沿书场结识大鼓书艺人刘问霞，为她讲解唱词，刘的名段《银针泪》即出自二琴之手。时京韵大鼓三大派之一张小轩来奉演出，经刘问霞引见结识马二琴。张小轩唱一段《华容道》请马指点。二琴听唱词中有“想当初，赤壁鏖战”句，说：赤壁鏖战与华容道仅一天之隔，用“想当初”不合适，应改成“都只为”，小轩深为折服。

奉天落子之缘起

奉天落子是当代评剧最兴盛的一个历史阶段。奉天落子的源流为莲花落子、拆出小戏、唐山落子等。进入 20 世纪 50 年代，落子才开始改称为“评剧”，唱腔也发生了根本变化。

20 世纪 20 年代，成兆才组建了落子吉庆班，在唐山永盛茶园唱出了名，出现了“唐山落子”。后来，直隶当局认为唐山落子“有伤大雅”，常常禁演，唐山落子流向关外，很快在奉天落脚。

1920 年，警世戏社被邀为张作霖的岳母演寿戏，落子从此登上大雅之堂。1920 年，戏迷高小辫（高景山）、李东瀛、绳新耕、孙福臣等人在北市场建成了大观茶园，这是沈阳最早的剧场之一，它一建成就专营落子。

此后，唐山落子不断与东北民众语言、习俗和欣赏特点相融合，形成以沈阳（奉天）为中心、遍布东北、流动全国、具有东北艺术风格的“大口落子”，人们称这时期的落子为“奉天落子”。白玉霜任主角的戏曲电影《海棠红》上映后，全国各报纷纷评论白玉霜为“电影明星”“评剧皇后”“评剧泰斗”。上海报纸报道：“整个上海出现了奉天落子热，老百姓像着了魔似的迷上了奉天落子戏。”

花淑兰冰窟窿上练嗓

花淑兰原名张淑兰，早年她随母亲刘玉舫与人搭班演出挣几个窝头过活。一晚，上演《大登殿》，一阵锣鼓声过后，该四龙套上场了，穿好龙套服装的淑兰头一次上台演戏。演出结束卸去龙套服装的淑兰急匆匆地走出后台，她见母亲在那儿站着，便从怀中掏出两个窝头。母亲惊讶地从她手中接过窝头，问道："孩子，你上台啦？"淑兰涌出一种自豪感说："对！我跑大兵了。从今儿起，你女儿也能给咱家挣饭吃啦！"刘玉舫百感交集，一把将女儿搂在怀里："淑兰，我的好孩子！"后来，戏院张老板了解到她家人口多、生活困难的情况，便常让淑兰多跑几次大兵和丫鬟彩女，给家里多挣几个窝头。

在学戏过程中，淑兰牢记老辈人对她讲的戏剧格言，"要想功夫好，一年得起三百六十个早。"在滴水成冰的三九天，她清晨起来，就跟外祖父到野外冰河上，由外祖父用镐事先给她刨出一个冰窟窿，随后她就趴在冰雪上，将口对着冰水，趁着冒出的缕缕水汽儿，开始练嗓子，练发声“咿——啊——咿——啊……”每次至少喊半个小时。

筱俊亭一生尝试新事物

筱俊亭，原名张忠善，又名张俊亭，生于天津，6岁丧父，8岁学艺，后拜老艺人杨义为师学习蹦蹦儿戏。由于当时没钱请名师，她就“跑连外”流动献艺，几乎演遍了河北、山东的大小村庄，戏班的老先生给她起了个艺名“花俊亭”，大人都亲切地叫她“小俊亭”。13岁时她就当了小主演，贴戏报和戳水牌时，都要写上主演的名字，于是正式改为“筱俊亭”。

筱俊亭善于学习。1980年，她挑战自我出任编剧，与人合作编写《这样的女人》，1981年，该剧本由央视拍成电视戏曲片《小院风波》在全国播放。此后，她又编演了《包公审太后》《儿女情》《卖油郎赶船》《聚宝盆》等多出剧目。

韩少云高烧坚持演《小女婿》

1952 年韩少云排演新戏《小女婿》，一曲《小河流水》响遍大江南北。当年，在全国首届戏曲观摩演出大会上，她因在《小女婿》中饰演杨香草获演员一等奖，并在中南海怀仁堂汇报演出时受到中央领导人的接见。丈夫王其珩回忆：演《小女婿》时，一场戏下来得三个半小时，有时白天晚上要演两场戏，少云累得是 10 次有 9 次不吃夜餐，倒头便睡。还有一次发高烧，躺在家里，剧场领导到家来，说农民兄弟赶大车来看戏，你要不去，多让农民兄弟失望。为了演出，少云提前打点滴，烧还没退就登台演出。

花淑兰教冯玉萍练"跪蹉"

花淑兰接收的第一批学生中，属冯玉萍最小，但她发现冯是好苗子，所以对她要求特别严，从不迁就。她教冯玉萍学第一出戏《牧羊圈》，从教唱法、发声到各种板式，从表演动作到刻画人物，精益求精，一丝不苟。练功场是水泥地，戏中有"跪蹉"动作，冯玉萍怕腿疼不想练“跪蹉”，还在犹豫时，花淑兰“扑通”一声跪在地上，一连做了好几次。当时，冯玉萍很不是滋味，觉得对不起老师。于是，便跪在水泥地上练起“跪蹉”。花淑兰说：“怕疼是练不出硬功夫来的！”从那儿以后，冯玉萍开始苦练基本功，两腿膝盖磨红了、练肿了，也一声不吭，咬牙坚持。

书 画

我们的名家太多，只说几个精彩的，说说他们的临池之乐，但更多的，还是唠唠他们凡人的一面。久了你会发现，写字画画的人，没有一个是不好玩没趣味的。

周铁衡与齐白石之缘分

周铁衡三岁时，用祖母做鞋底的袼褙剪成了一条飞龙，极为肖似。祖父由此断言："此子乃吾家千里驹。"1919年，周铁衡在齐白石寄居的北京法源寺下跪拜师，成了齐白石的入室弟子。临走时，周铁衡的父亲给儿子拿了一些银圆，说道，"拜师时让法师交给齐老师。到北京听法师话，再买些鲜货、点心作为见面礼。稍住两天，不要学画心切，喋喋不休，令齐老师心烦，又碍于大师情面不便教训。”又让他去吉顺丝房取些绸缎、洋布给白石老带上，作为见面礼。齐白石说：“铁衡的出身比我强多了，穿戴整齐，雪白的袜子，瑞蚨祥的鞋，且聪睿不俗。我入湘绮师门时，连袜子都没有。”

拜师礼成，齐白石对周铁衡说：“以我为师，诗书画印不可偏废，铁衡基础不错，今后要兼收并蓄，意会之处，须心领不必言传。”周铁衡幼子周维新回忆，“父亲作为齐白石的学生，是非常受信任的，他还帮齐白石做一些卖画卖印的事。要知道，齐白石能把手里过钱的事情交给别人，那是真的不容易。”后来，白石还为周铁衡治了一方印，叫作“手艺买卖官”。

周家藏有一个特殊的扇面。扇面画的是蘑菇与白菜，款题为：“铁衡仁弟曾由奉天寄赠鲜蘑菇，余加以白菜报之。己巳冬兄齐璜。”这是齐白石69岁时，夫人怀孕，想吃东北蘑菇，周铁衡给齐白石寄去东北蘑菇。齐白石为周铁衡画了一个蘑菇白菜扇面相赠。

周铁衡与郭沫若酬唱往来

周铁衡去日本留学时，曾帮日本望族西园寺公望整理其府上收藏的各类中国古代艺术品。当时郭沫若流亡日本，研究金石学取得不少成果，在西园寺家中相识后，周铁衡与郭沫若成为至交。为西园寺工作时，周铁衡对其收藏的中国安阳出土的甲骨文片产生极大的兴趣，开始对“石鼓文”与“诅楚文”进行比较研究。周郭两人经常探讨学术问题，还曾结伴去文求堂书店查寻有关甲骨文的资料文献。1931 年周铁衡独立开办诊所之后，曾致信郭沫若：“如此可不为公务所累，闲暇时可搜集整理钱币、陶瓷、书画等。亦可半职业从事绘画、篆刻创作。”1948 年，周铁衡请郭沫若为沈阳故宫题写了匾额，为中国医科大学、沈阳市第二中学题写校名。

沈延毅困厄中授徒

“文革”期间，时为沈阳文史馆馆长的沈延毅被赶出文史馆小楼，在不满十平方米的收发室一隅容身。冬季小屋四壁挂霜，八面透风，门可罗雀。哲成、宋慧莹、戴尔忠、程与天等徒弟弄了一车劈柴送到沈老住所，还帮他打煤坯。沈老当时囊饥学饱、体瘦才肥，满腹经纶无处发泄，一见后生们来，十分高兴。

徒弟们除照顾其生活，也虚心请教书法。每每吃完高粱米水饭拌茄子这样的粗茶淡饭之后，沈老盘坐于床上，徒弟们侧听于旁，秦篆汉隶、钟张二王、六朝碑版、摩崖帛书……沈老口若悬河，山呼海啸般滔滔不绝于耳，缘分、际遇就这么来了。1970 年，沈老又被通知下放到辽中县冷子堡。那年冬天，沈老回城一次，哲成与程与天各出四两粮票，在沈河饭店请师父吃饭。沈老饭后索纸笔赋诗：

两生招饮谈三绝，六出初飞又一年。
如此深情如此酒，不堪万感寄樽前。

沈延毅晚年仍孜孜求帖

沈延毅晚年在书艺上仍不断求索，不自满，有追求。他在一首诗中这样写道：

书法固求精，书中贵有我。

临池大半生，至今未觉可。

他还四处打听在哪里能讨到李北海的《云麾将军李秀碑》，还特地强调：是“肥本”的！

李仲元：我是“一目了然”书法

李仲元退伍后进入沈阳故宫博物院工作。受父亲李文信影响，李仲元从小爱好书法，6岁时就在爷爷的督促下开始练习书法，虽多年临池不辍，但没有正规学习。父亲将李仲元托付于同事、书法大家沈延毅，沈延毅初时推让不收，于是李仲元给师傅行了三个礼，终成沈延毅第一个学生。开始时，李仲元临摹、学习沈老的字体，但沈老却说：“师傅领进门，修行在个人，不要学我，还是要学古。”从此，李仲元从欧阳询入手，继习褚遂良、颜真卿诸家，喜行书，追摹“二王”又学杨凝式、米芾等，注重继承传统兼收并蓄。

为让李仲元练好字，李文信请人从辽博资料室推出一手推车碑帖送到家中，一百多本手拓或影印精品，欧虞褚薛，苏黄米蔡，应有尽有，堆满了书房的半面墙，当时把李仲元惊呆了，他从来没见过如此精美、众多的书迹拓本，像饿牛进了茶园，饱饱地享用着丰厚的艺术大餐。李仲元练字时，李文信经常伴他共同赏鉴，每到晚上，父子便并坐书案之前。或展帖论法，或指画辨识，有时拍案称绝，有时拊掌慨叹。

李仲元一生挚爱书画，然而命运却和他开了个玩笑，让他十年碰不上纸笔。20 世纪 80 年代中期，李仲元两眼患病，到 1986 年，左眼失明，右眼患白内障，视力越来越弱，到 1990 年时，一个整字都看不着了，连俄罗斯专家都拒绝医治，后来在中国医大一院张劲松教授冒险医治下，右眼恢复了视力。手术第二天，拿下绷带看到护士的一霎间，给李仲元高兴坏了，终于又可以从事心爱的书法事业了。但这十年中断，让李仲元大大落后于同辈书法家，为了不辜负大家推荐他做书法协会主席的信任，李仲元奋起直追，用一只眼睛、成倍的时间练书法，李仲元后来笑称自己是“一目了然”练书法。

李正中臻“人书俱老”境界

初国卿赞李正中之文写道：他的书法研习从“龙门二十品”入手，以北碑为基础，兼容秦篆、汉隶笔意，最终归入赵之谦一路。晚年在赵之谦风格上又融入萧散冲澹、直率朴拙之晋人手帖的书卷气，从而一变，既有赵之谦碑之劲健风骨,又具赵之谦所缺的帖之潇洒灵动。正是这种碑与帖的从容结合，才形成他沉稳老辣、古朴茂实、雄浑洒脱、奇伟峻拔的风格，字里行间既有跌宕的风致，又有翩然的气韵，既显现出自由而又充沛的生命本原，又真正达到了“人书俱老”的境界。

李正中作诗讽书坛怪现状

李正中在《回首年来书事戏为三律》中揭露书坛之怪现状说：“俚句俗谣凭照录，居官营贾竞登先。”“立说开派皆盟主，办展出书不夜天。”“适履削足日创新，只求形貌不求神。”

哲成与弟子说修为

一次收徒仪式上，哲成对弟子和学生们说了一番话："我一直要求你们，都要争取超过我。可是有人反问了：'你自己不是还没超过沈老呢吗？凭什么又来要求我们？'但我说，一个师门里，人的造诣有高低，但有一点是相通的：书法，我们不能仅仅把它当成生命，更应该把它认作使命，毕生求索，不断进步，没有止境，没有结束。"说到恩师沈延毅，哲成自嘲："我为什么赶不上沈老？沈老是天纵英才，不仅是书法上的天才，他又是诗词大家。他的诗书功力深不可测。他是得道高僧，我仅仅是他身边一个小沙弥。"

庆厚给后学指传肤授

某日，卢林到哲成家，一进屋见到一位老者坐在床边，衣着老旧干净，长髯飘胸，器宇不凡。此人正是爱新觉罗·庆厚。庆厚早年亲眼见过宫廷大量收藏且个人收藏甚丰。晚年潦倒坎坷，常到哲成家闲坐，谈文论书。庆厚看了卢林的字之后，让他把食指伸出来，用自己的手以卢林食指为笔管，模拟执笔，以五指用不同方向、不同力度传递到卢林的食指上。然后又让卢林向上亮出掌心，以掌心为纸，在上面书写点画，让卢林感觉一画之间力道的不同，这就是学书的指传肤授。据说，庆厚上小学时就读于奉天东关模范学校,曾与周翔宇(即周恩来)同班同座。

美 食

满汉全席和啤酒烤串谁能代表沈城的味觉主题？其实这是一个伪命题，因为二者从来就不是矛盾的。一个“全”字道尽了盛京美食的真谛。

猪肉的皇家吃法

后金刚定都沈阳时，宫廷宴席还非常简单。据《满文老档》记载：贝勒们设宴时，尚不设桌案，都席地而坐。努尔哈赤出席的国宴，地点多在大政殿前，吃的一般是火锅配以炖肉，猪肉、牛羊肉加以兽肉。他也和大家围拢一起，席地而餐，用解食刀割肉为食。清朝建立后，吃肉之法变化不多，御膳房将猪肉用清水煮熟，分成白肉、血肠、猪头、肠、心、肝、肺等，分别装盘，不配任何蔬菜，蘸上作料吃。皇太极也喜欢这么吃，他还将猪大骨上剔下来的软烂猪肉，蘸以作料下酒，与大臣同乐。

叶饽饽的传统做法

清康熙年间，有个叫王一元的无锡人，年轻时旅居辽东应考（大概是因为当时这边的科考分数线比较低吧），在沈阳、铁岭生活十多年。小王读书之余，写了一本《辽左见闻录》，这书说实话见识有限，格调也不高，但颇有史料价值。比如其中有关叶饽饽的记载："辽左午日食勃落饼，与角黍并陈，以面及豕肉夹入叶中蒸食。长三寸许，宽一寸四五分，形如水饺。"满语中"勃落"即柞树，这种点心的做法是将黏高粱米、苞米粒、小米和豆子一起浸泡两三天后磨成面浆，摊在柞树叶子上，再裹进用猪肉蔬菜和成的馅儿，包成大饺子的形状，入屉蒸熟后饼皮略为透明，叶香、面香、肉香、菜香交叠，成为一种独特的清鲜爽利风味。

那是康熙年间的盛京，物产丰饶、民风淳朴，食材多样，《辽左见闻录》中特地提到了“经数千杵而成”的打糕，小王吃了还想吃，赞不绝口。此外，还有一种在他眼中奇特的食物：三月间把高粱米泡水贮藏在大缸里，任其腐臭，几天一换水，到九月间晾干，磨成的粉“其雪如白”，称为澄面，用它制成的面食别具风味，但是性寒不可多食。

“沈阳鲟鳇鱼”是种什么鱼

史载，纪晓岚是个胖大汉，标准的吃货，他在《阅微草堂笔记·金重牛鱼》中特地提到一种“沈阳特产”：鲟鳇鱼，俗称牛鱼，从金朝到清朝中叶，这种鱼一直被认定为高级美食。这种鱼体大肉鲜，可以长到上千斤，卵还可以制成鱼子酱，鲟鳇鱼寿命可以达到百年，是恐龙时代就有的物种。此鱼多出自黑龙江—松花江水系，并非辽河—浑河水系的出产。不过，沈阳（盛京）作为陪都，当时是东北的政治、经济中心，当然也就是官场吃喝文化的中心，牛鱼即使在当时也属于稀罕之物、顶级美食，尤其千斤以上的大牛鱼，号称淡水鱼王，是超级值银子、上场合的佳肴，更是达官显贵的禁脔，老百姓吃不起，富户土豪有钱也吃不到，所以它虽不出产于沈阳周边，但闻名却必得在沈阳的筵席之上，从这个角度上说它是沈阳特产，倒也并不算错。

张玉纶笔下高粱入诗

高粱是东北的标志性食材，乾隆年间曾执教盛京莲宗寺书院的举人张玉纶，在其《梦月轩诗钞》中有《高粱》一篇：

芳名传蜀黍，嘉种遍辽东。
盛夏千竿绿，当秋万穗红。
影全迷渭竹，色欲艳江枫。
漕运天仓满，飞随海舶风。

那时，秋日里扯天扯地的高粱红就已是关东的标志性风景了，只不知那高粱地里是否也有很多恩怨情仇。

邸文裕“吃恋”致美和

会文山房主人邸文裕的《陪都景略》中记载了著名的糕点铺致美和，门口题有对联“致之可通乎远近，美哉大发其馨香”。这家糕点铺是城内有名的去处，位置就在当时的钟楼南路西。不少晚清诗文中都提到过致美和，估计每天门口都有人排大队，其中不乏外地来沈的游客。

作为出版商，邸文裕是个成功人士兼吃货，他笔下还记载了当时盛京的各种美食：致美和的枣泥月饼、芝兰斋的槽糕八件、源吉长的京酱咸菜、吴永茂的香片茶叶、永裕斋的鼻烟南果、泰源楼的什锦火锅、东盛馆的三鲜大面、万兴楼的鸡丝细面、卿云楼的三样包子……

其中，芝兰斋饽饽铺被誉为“京式点心”第一。清代北京、盛京均有满族特色的饽饽铺，名品多以酥面蜜汁、奶油果馅烘烤而成，柜面上色香诱人的萨其马、芙蓉糕、核桃酥、松仁酥总是少不了的。同样是满族传统风味的三样包子也值得一说，所谓“三样”，指糖包子、油包子和菜包子：糖包子的馅有糖、核桃仁、芝麻、葡萄干、红枣等；油包子的馅有香豆、盐等；菜包子的馅有白菜、大葱、牛羊肉、花椒、姜粉等。不同的包子，形状与花纹也不一样，便于食客各取所好。

邸文裕交游颇广，他的文友中，刘世英也留下不少关于美食的记载，且与老邸有很多重合，看来是没少陪他转。老刘笔下的庙会路边摊儿特有沈阳特色："大碗饸饹，筋饼筋面，牛羊猪肉，开荤解馋！"量足味重，便宜实惠，从业的多为趁热闹临时客串，露一手挣快钱，这样景象，今天沈阳的庙会上也常能见到。

缪润绂将提浆月饼入诗

缪润绂《沈阳百咏·提浆月饼》诗云：

提浆作馔趁秋风，
月饼居然出沈中。
终是枣泥滋味好，
痴人偏买自来红。

又有按语：内城诸茶食店所制提浆月饼最佳，自来白、枣泥馅者为美。痴人好用自来红，以名贵也。其中，提浆月饼是先用蛋白液将糖浆中的杂质除掉，再用以这种清糖浆调制的面团做成饼皮。旧时糖浆里颇有杂质，提浆月饼的甜味更纯。自来白的叫法源自做这种月饼的面皮是用大油和精面烤制的，颜色纯白。自来红是用植物油和面烤成透红的饼皮，表面还有一个黑红色圆圈。上述三种都是京式月饼，这个“京”既指北京也指盛京。

“马家烧麦”推小车开张

清嘉庆元年（1796），老盛京城内来了一位腰扎白围裙、头戴无檐小白帽的中年汉子，此人推独轮车走街串巷叫卖烧卖。这是盛京城头一次有烧卖，独轮车的主人叫马春，他的烧卖馅大皮薄，现包现做，童叟无欺，就是后来的“马家烧麦”。

老边饺子煸馅之秘密

自河北任丘人边福算起，老边饺子在沈已有近三百年历史。据边家人讲，老边饺子制馅工艺与众不同，大多数饺子都是把生肉馅和饺子皮一起弄熟，而老边饺子则是把肉馅先煸熟，然后利用高汤煨透，让肉馅充分吸收高汤的风味，同时口感变得更加软嫩。所以老边饺子的馅吃起来不是一个完整的丸子，而是细碎的肉末和菜末。

王甫亭味通四海

王甫亭誉称“扒菜大师”王老七（兄弟间排行老七）。他少时离家到奉天，在堂兄王星垣开的鹿鸣春饭店当厨杂工。后拜擅长鲁菜的王占山学艺，二十几岁便成为奉天名庖，擅炸、煎、烹、爆、熘、烧、扒、烤，以“扒菜”为最。他的奶油扒白菜、铁锅烤蛋脍炙人口。他还中餐西做，粗菜细做，研制了金钱梅花面包盒、干烧牛肉、奶油鱼卷、蜜汁樱桃等几十种名菜。当时各路名人都来“吃他”，其中有溥仪、溥杰、张学良、梅兰芳、马连良、李玉茹、袁世海、尚小云、裘盛戎、李多奎、张君秋、谭富英等。

报 人

很多人认为，报人是特殊的人，这人首先得是文人，还要懂经营，有阅历，人脉广，懂得培养人，坐下就能上课，临池要能拿笔，骂人时还得能把桌子拍响，要会做官，还得有点江湖豪杰气概……你看当年的张季鸾、王芸生、成舍我，后来的范长江、邹韬奋、黎烈文，都有这么点意思。铁肩妙手，锦绣文章，沈阳历代报人也不例外。

瞿秋白眼中的奉天铁路

1920 年秋，北京《晨报》和上海《时事新报》为直接采访和报道世界新闻，选派多拨驻外记者，青年记者瞿秋白获派采访苏俄，与俞颂华和李宗武同行。乘火车从北京出发，经奉天、长春、哈尔滨、满洲里、赤塔，直达莫斯科。在这期间，要乘坐京奉列车先到奉天，然后在奉天换乘由日本人管辖的南满铁路往长春，再换乘中东铁路到哈尔滨—满洲里。10 月 19 日傍晚，列车抵达奉天火车站。秋日的烟尘之中，几个书生下了车，瞿秋白写道：

车站上一片嘈杂的声音。行李搬出车子之后，却看不见一个中国脚夫。对面望着大和饭店雪亮的电光，传出些叮叮当当的刀叉声，好不热闹。

望着眼前一派繁华，爱国书生瞿秋白颇怀唏嘘：

仿佛记得中学地理教科书上写着，这满洲三省还是中国领土，为什么一出山海关到了奉天站，——他那繁华壮丽的气象，与北京天津不相上下，——却已经另一世界似的，好像自己已经到了日本国境以内呢？……也许奉天现在已经割给日本了！然而原住奉天的许多中国劳动人民，想必一时还没有来得及死尽，怎么奉天站连中国脚夫都很少很少呢？原来日本铁道车站上的中国苦力，他们劳作也受“日本的”节制的。帝国主义的况味，原来是这样！

瞿秋白所知不详的是，当时的奉天，张作霖的奉系控制着主城区，而日本人则控制着南满铁路上的奉天火车站及其附属地，并称其为“奉天驿”和“满铁附属地”。1919年，日方还擅自将火车站附近的33条街道改成了日语名。瞿秋白到达奉天之前一个月，火车站前马车工会所属的车夫500余人，因为反对“满铁”乱征费举行罢工。所以，瞿秋白在奉天火车站的站台上，视线所及，当然都是些日本人。

换车需要脚夫，但人生地不熟，等半天才来了一个日本人，好不容易找着了脚夫，把行李搬到站里，李宗武的一件行李却又找不到了。瞿秋白赶紧陪他四处去找，等到找着，回到大和饭店吃饭，“其时颂华已经吃完，时候也不早了，我们匆匆忙忙吃了些面包，赶去结好行李，来了一位日本西崽一手包办，料理我们上了南满车。”

彭定安在改造小组夜读“平生三书”

彭定安回忆：“1958 年我被送劳改之前，准确说是从 1957 年到 1958 年，我在辽报大院劳动，拉纸、拉煤、淘粪……当时我们是一个‘右派改造小组’，我是组长，范敬宜是副组长。”那时候，白天劳动，晚上，彭定安都拖着疲惫的身体读书，“与古代哲人的心灵对话，是从美学研读开始。这维持了心理平衡，避免了精神危机。车尔尼雪夫斯基、普列汉诺夫、拉法格，都是那时读的。”彭定安说，他可以说是“在最不美好的时候理解美、探索美”。“我的‘平生三书’是在这时读的：蔡特金的《列宁印象记》、罗莎·卢森堡的《狱中书简》和台尔曼的《台尔曼狱中遗书》。这些书中对人生低潮的感悟、主人公们面对磨炼的态度以及安详地对待一切挫折和不幸，指导了我的人生抉择。”

范敬宜在报栏前挨一夜

1975 年 10 月，范敬宜随一批农村干部到大寨取经，回辽宁路过北京时，到位于王府井大街的人民日报社看望老友。没想到那天是星期日，找不到人。天色已晚，他只好在人民日报社门口报栏前看了一夜的报纸。他望着报社一个个灯火通明的窗口，感触万分：在这里工作的人该有多幸福啊，可惜我永远不会有这种幸福了。如果有朝一日我能到这里当一名记者，我一定拼命干好。10 年后，他“入主”在人民日报社原址办起来的《经济日报》。又过 8 年，他成为人民日报社的总编辑。

范敬宜作诗讽刺“官媒人”

“离基层越近，离真理越近。”这句话出自范敬宜。他还作诗一首讽刺沉不下去的“官媒”新闻人：“朝辞宾馆彩云间，百里万里一日还，群众声音听不到，小车已过万重山。”

刘黑枷：拭目看首页，满纸尽曙光

刘黑枷个子高大，相貌清奇，黧黑长脸，浓眉毛，阔鼻大口，极富辨识性。更富辨识性的是黑枷对报纸事业的痴迷，常人以值夜班为苦，他却专门撰文，描写夜班之乐。据亲人回忆，沈阳刚解放时，他别着组织上发的手枪，天天夜里去报社看版，“他一趟趟地往印刷车间跑，和排字师傅商量来商量去。师傅们后来都说，只要报纸还没开印，黑枷同志就总是要改。”这正是他一生中不断说起的“有美皆备，无丽不臻”。为此，他写过一首诗：机鸣积雪颤，相呼贴耳旁。拭目看首页，满纸尽曙光。每天清晨他急于做的第一件事就是跑去看当天新出的《沈阳日报》，一天他回来得有点晚，妻子闻树有几分愠意，问他跑哪去了，他说：“我去倒垃圾嘛。”妻子一笑，说：“瞎扯！一定又去看报了！”

刘黑枷：要把带露的鲜花捧献给读者

黑枷呼吁报纸要求变，不能求稳守成，“要把带露的鲜花捧献给读者”。黑枷评报，对墨守成规的报道，最激烈的差评之一是：“又是老一套！”

赵川：沈阳解放后第一位女记者

1948年，赵川在解放区辽宁学院学习。当时学联的宣传工作搞得如火如荼，赵川也跟着办板报、写稿，“每天都闲不着”。沈阳解放后，辽宁学院里大部分人跟着部队进关，赵川等60位青年被留下参加建设。因为曾经办过板报的缘故，赵川被分配到市委宣传部等待工作。看着别人都热火朝天地工作在岗位上，赵川等急了，直接找到李都部长要工作。“本来组织上想把我分配到作协，可沈阳刚解放，作协还没成立。看我等不及了，李部长说，‘算了，那你就先去报社吧。’”就这样赵川到了《沈阳日报》的前身《工人报》，成为沈阳解放后的第一位女记者。

技 艺

盛京工匠，代不乏人；磨炼功夫，永无止境。天下所有的技艺，都从苦与寂寞中来。如果你相信了未央生或钢铁侠的故事，那你就太幼稚了。

白小影师从马幻影苦练

白小影与其师父马幻影都是魔术大师，二人都是回族，小影家境贫寒，幻影四处演出时偶尔发现了小影有魔术天赋，遂将其带在身边。

小影入奉天天华魔术演艺团之后，即认团主马幻影为师父，并取艺名马小影（成人后改回原姓），在演出时作为小童助手登场。幻影对小影练艺要求极严，倾囊相授。小影每天练功学艺都是早起晚睡。他练踢腿、拿大顶、弯腰，幻影在旁观看。有时，一练就练到三更半夜。冬天，院子里有雪，扫扫就练翻跟头、扔棒，练不到出汗不行。手冻红了，回屋搓搓手，然后出去接着练。每天午前午后，要练四遍功。如立大顶，每次至少要立半个小时。他在一张彩桌上，中间插一根约一米长的钢管，顶端焊接一个碗口大的圆圈用布缠着。人倒立时头顶在钢圈上，练脱鞋、练穿鞋，脱衣服、穿衣服，削苹果、吃苹果……一练就是一个多小时。后来小影回忆："我头顶一直留了个深深的圈痕。那滋味可想而知。"

"砘子刘"在北市场跤场

1949 年秋的一天，18 岁的刘长青在北市场看到李呈祥、李凤祥兄弟（均为装卸工人）在玩举砘子，这引起了他的兴趣。他为给自己日后从事摔跤打下基础，便在李家兄弟指导下开始练起了举砘子。所谓"砘子"，就是用一块几十公斤或上百公斤重的花岗岩石雕琢而成的、用土法制成的简易举重器材。一次，刘长青在北市场露天剧场的表演中，竟一下子成功举起 200 公斤的砘子，博得在场观众的一阵喝彩。因此而被人们称为“砘子刘”。当时，董永山、栾树生、刘长青在北市场共设跤场，大掌柜董永山把满蒙跤法与北市场辛家拳结合起来，独树一帜，使北市场成为“武术加拳”新跤法的起源地。

李松柏向七位师傅学艺

“东北古建筑传统彩画、地仗（油饰）修缮工艺”的传承人李松柏说，1965 年，沈阳故宫为培养修缮技术的传承人，公开招聘，从小喜欢绘画的李松柏被彩画组录取，是唯一一位选择学习东北古建筑传统彩画、地仗（油饰）修缮工艺的新人。从此，19 岁的李松柏跟着 7 位师傅开始了学徒的生活。老艺人是没有课本授课的，都是言传身教。李松柏和七位师傅一起住在故宫的北院，每天挑水、生火，照顾师傅们的起居。在师傅们维修的过程中学习，除了一两句关键处的秘诀，其他的都需要自己领悟。

交 集

大历史的翻腾震荡中，他们曾经相会。现实中时空穿越与场景乱入，往往比影视剧更加大胆而无序。大红大绿，大荤大素，大俗大雅，大开大合，文章就是从这里边做出来的。

努尔哈赤与晋商的渊源

后金开国，资金短缺，晋商见有利可图，于是大力向后金输入资金，进行政治、经济投机，晋商还与天命汗努尔哈赤派出的商帮做买卖，把盐铁这些战争物资卖给后金。据说，努尔哈赤给他们龙票作为凭证，这是一种还款票据，票据上盖有玉玺。凡手执龙票的关内大户，后来都被追认为是为大清立过大功的功臣。有人据此说，明朝亡于晋商，其实，晋商不单与后金做买卖，更与蒙古各部做买卖。晋商凭啥胆子这么大？因为其背后是明朝当权的达官显宦。

寿宴上组成的冰天诗社

在清代中叶以前，关内有很多获罪的人“减死免等”，以流人的身份谴戍东北。顺治七年（1650）12月19日，明末文坛巨擘左懋泰在流放地铁岭迎来了55岁寿辰。其好友剩人和尚函可邀来盛京、铁岭、尚阳堡等地的流人文士，汇聚在左懋泰的住处为其祝寿。

寿宴上，除了左懋泰和他的两个儿子左玮生、左昕生，还有函可、陈掖臣、李裀、魏绾、季开生、董国祥、丁澎、陈之遴、李呈祥等三十位文士和僧道。在诗与酒之间，大家嘘寒问暖，“始以节义文章相慕重，后皆引为法友。”

看火候差不多了，函可起身提了一个建议：在座众人，何不效仿古来才子结社，我们也搞一个诗社呢？诗社的名字没有悬念，就是“冰天”。

在那之前，宁古塔流人吴兆骞曾组织了一个“七子之会”，不过冰天诗社的规模比之要大得多，参加者的文坛影响力也大得多。诗社说立就立，众人现场即兴和诗 32 首。左懋泰则作《答诸公见赠》，诗云：

神农虞夏忽芜荒，五十五年事杳茫。
绛县春秋羞甲子，楚歌宋玉谱宫商。
腐儒不死蠹空在，窜客添龄罪愈彰。
松柏好存冬日色，任随沤沫注沧桑。

诗中充满沉郁苍凉之感。

冰天诗社成立后，没过几天，12 月 26 日，是函可的生日，诗社众人又汇聚盛京。这次由左懋泰主持了函可的生日宴和诗社的第二次集会。

这些流人后来的故事，有悲有喜，一言难尽。近代“海内三陈”中的陈曾泰，作过一首《菩萨蛮》：

浮天渺渺江流去，江流送我归何处？寒日隐虞渊，虞渊若个边？　　船儿难倒转，魂接冰天远。相见海枯时，乔松难等期！

又是冰天，头上的那片冰天，天上冻云弥漫。

晋昌与程伟元结“忘形交”

嘉庆年间，宗室晋昌两次任盛京将军，喜与各路文士交游。苏州人程伟元在乾隆后期曾广集曹雪芹《石头记》原著前八十回抄本，并陆续购置后四十回续稿的残抄本，与高鹗共同修补，“细加厘剔，截长补短，抄成全部”，成一百二十回本《红楼梦》。嘉庆五年，盛京将军晋昌上任，邀请程伟元到盛京入其幕中，两人结为“忘形交”。程伟元到盛京除了做幕僚，还任教沈阳萃升书院，并在小南门里创办程记书坊，是为沈阳最早的书店。晋昌还曾大力支持缪公恩等人发起和组织的“芝兰诗社”。

陈独秀与张作霖的缘分

清末盛京古玩老字号崇古斋的店东陈昔凡即陈衍庶，曾任新民知府。此人既是他收编的“保险队”头领、马队帮带张作霖的义父，又是中国共产党早期领袖人物陈独秀的继父。

张作霖五夫人是袁崇焕后裔

张作霖五夫人张寿懿人称“寿夫人”、大帅府的“二把手”。1916 年，袁世凯去世后，张作霖成为奉天督军兼省长。那年夏天，他应邀参加奉天省立女子中学的毕业典礼。张寿懿代表全体毕业生致谢词，引起张大帅瞩目。张作霖派人调查发现，这位女子的父亲寿山在中日甲午战争中历经草河岭、四棵树、凤凰城等战斗，奋勇杀敌、屡建战功，后担任黑龙江将军，庚子之乱中抵抗沙俄侵略，战死沙场；其爷爷富明阿是吉林将军，曾在一次作战中身中 12 处刀伤仍不下战场；她的远祖则是明末兵部尚书、蓟辽总督袁崇焕。张作霖肃然起敬，不久，便迎娶了比他小近 20 岁的寿懿。

吕正操、马本斋、萧军、万毅是校友

近代很多名人出自东北讲武堂，吕正操、马本斋、萧军、万毅都曾是讲武堂的校友，后来又沿着不同的人生轨迹走上了革命之路。

张学良、胡蝶、朱五衔恨马君武

马君武在 1931 年 11 月 20 日的《时事新报》上发表《哀沈阳》一诗：

> 赵四风流朱五狂，翩翩胡蝶最当行。
> 温柔乡是英雄冢，哪管东师入沈阳。

此诗一经发表，社会哗然，朱五小姐（当年北洋政府内务总长朱启钤的五女儿湄筠）、影星胡蝶均“躺着中枪”。

马的诗见报后，张学良的部下建议将全部报刊强制撤下，但张学良却没有同意，选择了默不吭声。而在张学良心里，这首诗不仅伤害了他，而且冤枉了他，晚年他不止一次说：“这首诗我最恨了，我跟她（朱五）不仅没有任何关系，我都没跟她（朱五）开过一句玩笑！”“我张学良如有卖国的行为，你们就是将我的头颅割下，我也是情愿的。”

胡蝶的老家也在沈阳，后来她回忆此事说：“我已蒙了三十多年的冤枉了,因为从来我就没见过张学良。在‘九一八’前，我跟着到北平拍外景，但火车到了天津，就遇沈阳退兵，客车就不通了。我根本没到北平，还能和张跳舞吗？”

至于朱五亦然，多年后在香港的一个宴会上，朱五见到了马君武，端着个酒杯走了过去，说：“马先生，你知道我是谁吗？我就是你诗中所写的那个朱五啊！来，我敬你一杯，我谢谢你了，你把我变成名人了！”马博士的窘态非语言笔墨所能形容，不等终席即离去。

爱恋

爱是有因果的，也是千奇百怪的，但真正的爱恋总归是感人的。这情感的升华是一个循环上翀的状态：先把有价值的美好的东西撕得稀碎稀碎的，再一下子复原给你，中间可能会有残忍血腥，但你感动了。

陈之遴、徐灿伉俪情深

陈之遴与徐灿夫妻情深，夫妻间常以诗词相和。陈之遴降清，徐灿反对，二人间时生龃龉，陈于是买下苏州拙政园送给妻子，故徐灿有三卷《拙政园诗余》传世。后陈之遴因政争被谴戍到盛京等地。其间，陈之遴与剩人和尚函可等组成东北第一个文学社团冰天诗社。

康熙五年（1666），陈之遴病死戍所，在其前后，陈、徐的两子容永、堪永也离世。徐灿身边只剩五子奋永，她从此不再吟诗填词，而是皈依佛法，绘制了近万幅观音大士的画像，当时善男信女争相“宝之”。康熙十年（1671），康熙帝东巡祭祖，徐灿跪迎道边。康熙见她，问道：“岂有冤乎？”徐灿答：“先臣唯知思过，岂敢言冤。伏唯皇上覆载之仁，俯赐先臣归骨。”康熙帝遂恩准徐灿扶陈之遴的棺柩回归故里祖茔。

胡适求《梧桐仕女图》于晏少翔

1934年6月，北大文学院院长胡适到辅仁大学演讲，参观辅仁美术系毕业生画展。胡适一下看中了毕业生晏少翔的《梧桐仕女图》。

胡适观展次日，时任辅仁大学校长秘书台静农到美术系，通过系主任溥雪斋约见晏，与他商量：“你知道，昨天适之先生来看你们毕业生画展了，他在你的《梧桐仕女图》前站立了好一会儿，很是喜欢这幅画。他有意收藏，不知你可否转让，给多少钱合适？”晏少翔站起来说：“不不，适之先生喜欢，我就送他了。这事请老师做主就是了。”台静农也很高兴，连说：我替胡先生谢谢您，也替陈校长谢谢您。事后，胡适托晏的邻居傅斯年将亚东图书馆版《胡适文存》四卷四册带给了他。

7月12日，《北洋画报》第1113期刊发了晏少翔的《梧桐仕女图》，图下的作品说明写道：“北平辅仁大学美术专科本届毕业生晏少翔作品（曾在远东中日联合会展览，现为胡适之所得）。”此图为绢本，四平尺左右。画面为梧桐树下，玉簪花前，疏竹掩映的灵璧石畔，立一高髻团脸的古典仕女，她低眉敛目，半是出神，半是幽怨，仪态旖旎，风姿绰约。其形其神，确与胡适绝世烟霞里的“心头人影”很相像，神似他当年婚礼上的伴娘“小表妹”曹诚英。

齐邦媛深爱张大飞

抗日烈士张凤岐遇害后，其子张大飞逃到北平，寄身在东北中山中学，每个周末都到齐世英家，齐家待他如儿子一般，齐邦媛则称他为“四哥”。她回忆：“我永远记得那个寒冷的晚上，我看到他用一个十八岁男子的一切自尊忍住号啕，在我家暖暖的火炉前，叙述家破人亡的故事。”“从此，每个星期六午后，我会在哥哥那群喧闹的同学中，期待他那忧郁温和的笑容。”

张大飞后来成为第一批赴美受训的中国空军飞行员，回国后又入选陈纳德的“飞虎队”。

1943 年 4 月，齐邦媛在重庆读高中，一天傍晚，张大飞忽然到学校来看她，那时他的部队调防到重庆换机，七点半以前要赶回机场，“（他）只想赶来看我一眼，队友的吉普车在校门口不熄火地等他。我跟着他往校门口走，走了一半，骤雨落下，他拉着我跑到屋檐下站住，把我拢进他掩盖全身戎装的大雨衣里，搂着我靠近他的胸膛。隔着军装和皮带，我听见他心跳如鼓声。只有片刻，他松手叫我快回宿舍，说‘我必须走了’。雨中，我看到他半跑步到了门口，上了车，疾驰而去……今生我未再见他一面。”

1945年5月18日，张大飞在豫南会战时为掩护友机殉难，年仅28岁。张大飞牺牲前给齐邦媛的哥哥留下一封绝笔信：“请你原谅我对邦媛的感情，既拿不起也未早日放下……我死之后抚恤金一半给我弟弟，请他在胜利后回家乡奉养母亲。请你委婉劝邦媛忘了我吧，我生前死后只盼望她一生幸福。”

齐邦媛在《巨流河》一书中说：

张大飞的一生，在我心中，如同一朵昙花，在最黑暗的夜里绽放，迅速阖上，落地。那般灿烂洁净，那般无以言说的高贵。

李默然与爱妻龙潮

李默然与龙潮相识是在1947年，当时他们都在“东北文协文工团”工作。龙潮毕业于当时的长春师大音乐专业，而李默然却是学徒出身，连简谱也不识。龙潮是文工团惹人注目的“团花”，风姿绰约，仪态万千，美丽大方，文工团里不少从延安来的演员和已有成就的作曲家，都暗中钟情于她。李默然终于鼓足勇气向龙潮表白爱慕之情时，龙潮听他吞吞吐吐说完后，没有答应，也没有拒绝，过了一会儿才笑说：“等你唱歌不跑调了再说吧。”《纪念碑》演出成功，李默然终于“过关”。1950年，两人完婚。

1961年，饰演电影《甲午风云》里的邓世昌使李默然成为明星，吸引了不少追求者。一次，有位姑娘来信明确表示“在某某地方等你，直等到你的到来”，态度很决然。到了见面时间，龙潮催促他赴约，李默然不吱声不表态，“我自岿然不动”。龙潮忍不住了：“我说默然，你是去还是不去？去的话，穿昨天我给你买的那件新衬衣。”李默然一脸不高兴，回了一句：“去了，我的老婆、孩子咋办？要去你去得了。”龙潮建议：“要不，你把我们照的全家相给人家寄一张？”李默然欣然照做。

李龙吟回忆：1959年父亲下放劳动，冬天要刨冻土，那个冻土都是冰的，我父亲一不小心用镐头把自己脚给砸了，被拉到医院后昏迷不醒发高烧，破伤风非常厉害，我母亲在另外一个农场劳改，接到通知赶紧到他身边，在病床前六天没合眼。后来医生跟我说，“要不是她在这，六天六夜守着他，关心他微小的每一个反应，让我们能及时采取措施，你父亲早没了。”

李默然在家负责做饭。有一次在剧院讨论《夕照》剧本，李默然谈完自己的意见，很抱歉地对大家说：“我先不听你们发言了，我该回去做饭了。”夫人面前的李默然，从来都是温情脉脉的。晚年龙潮身体不好，患有胆结石、高血压、冠心病。李默然心疼她，家务全包。对夫人，饭菜尽可能符合她口味，吃药的时候，他先把水准备好，一再提醒她吃。出外参加社会活动，总是带着夫人同行。有一回，小儿子李龙跃跟母亲开玩笑：“您这辈子尽跟我老爸借光了，走南闯北吃香的喝辣的。”李默然勃然大怒：“你懂什么？以后不许这样说！”

刘黑枷与闻树在危难中

刘黑枷与闻树的感情很深。1952 年，刘黑枷去大连学习了 3 个月的《唯物论与经验批判论》，“妻子十分想念我，有一次，她向我妹妹说她想我，竟呜呜地哭起来。结婚 9 年多，始终没离开过，忽然分别，彼此思念甚殷。我们频繁地书信往来，跟青年人写恋爱信一样。”动乱年代，黑枷遭受冤案，进“牛棚”改造。妻子闻树帮他渡过难关。一次黑枷被剃了阴阳头回家，闻树看了却笑，说“剃得挺好，我给你修修”，说着亲手给丈夫把头型修好。

朱鸣冈享寿都靠“小妹妹”

朱鸣冈是鲁迅美术学院版画系奠基人。婚后几十年，每晚妻子林端正都给朱鸣冈烧水泡脚，泡完脚还要按摩，“按摩脚上的五个穴位，一共五百下。”然后朱去休息，林端正再自己泡脚。

身边人说，朱鸣冈虽然长得帅，但天生体质就不好，加上早年颠簸、中年遭难，最后竟能享近百之寿，与老伴的悉心照料有绝大关系。“文革”时期，朱鸣冈被打成“反动学术权威”，住牛棚，为给他补充营养，林端正将瘦肉做好放入胶囊，每天给他送“药”。

朱鸣冈醉烟醉酒，所以这两样从小都不碰，妻子也勤于监督，这也是他长寿的原因之一。林端正回忆说，“我们在一起七十多年了，他是我的朱大哥，我是他的小妹妹。”

际遇

拔擢是有人说你行，而说你行的那个人也行；放旷是极致的人生不需要理由，一个人的比赛不需要进球；颜值也是别人羡慕不来的，说不尽的盛京深处马蹄香。这些搅动在一起，构成了一种狂欢化的个人史叙述氛围。

雍亲王避雨得能臣

康熙六十年（1721），派雍亲王胤禛代替自己祭关外三陵。四爷从京城赶往盛京，到锦州时避雨，住在退休官员尹泰家里。夜雨秋灯，四爷发现尹泰谈吐不凡，又得知其五子尹继善次年要进京赶考。

第二年，尹继善进京参加会试，正好圣祖皇帝康熙驾崩，雍亲王继位当了皇上。尹继善考取进士后，入朝觐见时，雍正非常喜欢，又想起雨夜之事，于是决意重用尹家父子。尹继善当官后第六年，32 岁就成为江苏巡抚，最后官至文华殿大学士。

他获宠前后，其父尹泰也时来运转，雍正三年（1725）署盛京侍郎，兼领奉天府尹，最后以八旬高龄被加恩授东阁大学士兼兵部尚书。尹继善第四子庆桂在乾隆四十七年（1782）出任盛京将军，于嘉庆四年（1799）官至文渊阁大学士，总理刑部事务。

高尔位擢用陈梦雷

陈梦雷流放奉天病倒后，被好心的和尚关照住进龙王庙。在这里，他遇到了奉天府尹高尔位，后者将他请到奉天府。原来，当时急需完成编纂《盛京通志》的任务，但却不得其人，因而迟迟没有进展。高府尹全然不计陈梦雷是朝廷重犯，立即让其脱离奴籍，安排他主修通志和负责组织指导各地的修志工作。

在高尔位及其继任者的关照下，《盛京通志》顺利修成。除擢用陈梦雷，高尔位还曾捐资修缮开原古城庙宇崇寿寺和寺院中的崇寿寺塔，又捐款修缮了宁远城（今兴城古城）的文庙。

增祺与张作霖的渊源

光绪二十四年（1898）增祺任盛京将军。庚子之乱中，沙俄入侵东北，光绪二十六年（1900）俄军攻陷奉天省城，从此奉天境内势力交错，乱局频仍。

1902 年，办“保险队”维持地方治安的张作霖故设圈套，先派手下扣留了由北京回奉天、途经黑山县的增祺三姨太，然后再亲自出面营救。回奉天后，三姨太向增祺介绍了恩人张作霖，并把张愿意归顺朝廷的想法转述给增祺。增祺毫不迟疑同意收编张作霖的地方武装，就这样，张作霖和他带领的弟兄们成了正规军。

张学良是“美男榜”常客

张学良年轻时俊朗多情。民国初年曾有“四大美男”

说法，“四美”版本很多，但多数版本都有张学良。戴季陶即分别点评过汪精卫、周恩来、梅兰芳、张学良四人。而当时又有“民国四公子”之说，也有多种说法，入选者有袁世凯次子袁寒云、载治之子溥侗、孙中山之子孙科、直隶都督张镇芳之子张伯驹、农商总长张謇之子张孝若、浙江督军卢永祥之子卢小嘉、民国临时执政段祺瑞之子段宏业等。但各种版本中均有张学良。

张为先的英国情债

风流倜傥的张为先早年在英国留学时，曾经娶过一名美貌的苏格兰女子，还生了一个女儿安娜。这位外国夫人叫作黛西，是个模特，家族也很有势力，是苏格兰农场主。张为先的外孙女李若石回忆，“当时，她家并不同意黛西跟我姥爷交往。为什么？你看我姥爷年轻时的照片，小伙子是很喜欢打扮，很帅气的。她家里觉得这是个来自中国的花花公子，不可靠。但黛西执意要跟姥爷交往，为此，毅然放弃了她的遗产继承权。”

当时，张为先在国内已经与阚奉箴有了婚约，他的准岳父是奉系重要人物阚朝玺，在沈阳也是相当有势力的。没办法，张为先只能回国完婚，那时，黛西已经生下了他们的女儿安娜。回国前，张为先为安娜母女在伦敦帕丁顿火车站附近买了一栋很大的套房，做二房东，也能有一笔收入，养活自己和孩子。1939 年，伦敦遭受轰炸。在一次轰炸中，安娜和妈妈分离，之后还得了小儿麻痹。患病的安娜被医院疏散到乡下，威尔士一个牧民家庭收养了她。

在农场长大的安娜继承了张氏家族好强自立的传统，她上了女子学校，虽然有残疾，但学习很好，还当了年级长。16 岁那年，她去伦敦办事，偶然发现自己的母亲还活着，母女二人终于团聚了。

“找到妈妈，知道自己的血缘后，安娜开始给姥爷写信。她通过中国驻英国大使馆联系到姥爷，第一封信的第一句话就是问姥爷‘为什么把她们母女抛弃’？安娜二十多岁的时候，姥爷给她的一封信上就说，‘我希望你到中国来和我的家人一起生活。’遗憾的是，安娜去大使馆办手续没成功，姥爷这一生都再没见过安娜。

安娜早已记不得姥爷的长相，但她有姥爷的照片，小时候姥爷送她的玉佩也一直保存。”李若石回忆说。

萧军与东北讲武堂的恩怨

1928 年 9 月，萧军顶替一个同姓学员，报考了东北讲武堂第六期军士教导队，同年被推荐参加东北讲武堂第九期骑兵科。

一天傍晚，萧军在校门外散步，那里是一片没有人烟的荒野。他忽然看见前面有一群人，在你争我夺地踢一个“球”，当那个“球”滚到萧军脚下时，他才看清楚那竟然是一颗人头！萧军自幼大胆，但也吃惊不小，他不忍再看，闪开了。这次事件，促成了萧军写作《懦……》，如实记下了他所见到的踢“球”场景，哀叹死者的悲惨命运。萧军将《懦……》寄给了《盛京时报》，没过几天就被刊登出来，这是萧军公开发表的第一篇作品，笔名三郎。

在第四学期将毕业时，讲武堂发生了一场动武事件，起因是，在日本留学归来的中校教官朱世勤无理鞭打一位同学，萧军气愤之下，以行意拳为同学挡开鞭子。朱世勤反过来就打萧军，并且拔出佩刀，萧军拾取一把铁锨，格开佩刀，泰山压顶，照朱的头顶劈去。由于众多同学拉架，才没劈死后来当了汉奸的朱世勤。但是，萧军因此挨了军棍，关“重禁闭”，不给毕业证书。他就这样离开了讲武堂。

经历此事之后，萧军写下了他最著名的一首诗《开除以后》：

读书击剑两无成，空把韶华误请缨。

但得能为天下雨，白云原自一身轻。

李默然“捡到”邓世昌一角

回忆起自己在电影《甲午风云》里广为人知的邓世昌一角，李默然说：“那是我捡来的角色。”原来，当时导演林农选李默然来是演其中的李鸿章一角，邓世昌另有人选。但是，饰演邓世昌的人因为临时有事来不了，摄像王启民看到风尘仆仆赶来的李默然时，回头便对林农说："你还找什么邓世昌啊，这不就是吗？"结果李默然第一次拍电影，就演了这么重要的一个角色。当时李默然满脸都是青春痘，有人怀疑说，这样的人能演邓世昌吗？王启民说："脸上没疙瘩的人，不是英雄！"

奇 人

俗世有奇人，山中多奇闻。讲故事的人，讲的自己的故事多数是编的。而经历大风浪的人往往不爱讲述。杨朱无书，是真实的；辛伯达和马可·波罗却是一路人。

天才特工阎宝航

阎宝航的公开身份是社会活动家，以庞大的“朋友圈”闻名，但实际上他凭借卓越的情报悟性，获取了反法西斯战争中三份极有价值的情报。

1937 年，阎宝航提出入党申请。共产国际方面意见是：阎宝航是国民党上层反动分子，不同意吸收入党。

当时党内也有人议论，认为阎宝航社会关系复杂，不可靠。幸好得到周恩来大力支持，他曾对反对者说，“你关系不复杂，但是阎宝航能做的事，你做得到吗？”1937年9月，阎宝航在南京梅园新村八路军办事处秘密加入中共，成为由周恩来亲自单线掌握的“特殊人物”。1941年，阎宝航得到了德国准备在1941年6月22日前后进攻苏联的重大情报。6月30日，苏德战争爆发后的第8天，斯大林给中共中央发来了一封电报：“感谢你们提供了德国进攻的准确情报，使苏联提早进入了战备状态。”后来有人说，这是斯大林给中国共产党唯一的一封感谢电。苏联驻华武官罗申有一次见到阎宝航时说：“你的情报工作第一，斯大林知道你。”

后来，阎还获取了“1941年11月下旬日军即将偷袭珍珠港”的情报，立即报告周恩来。党中央迅速通报给苏联政府，斯大林又告知罗斯福。遗憾的是，该情报并未得到美国政府和军界的重视。1944年夏，阎获取了“日本关东军在东北的全部材料”。周恩来迅速向苏联方面通报，苏联得以对关东军了如指掌，在1945年

8 月 8 日对日开战后，只用几天时间就全面突破了关东军经营十几年的防御体系。

唐铎：在红场上空驾机接受斯大林检阅

唐铎是任弼时的同班同学，早年参加“五四运动”，后留法、赴苏学习。1933 年，苏联庆祝十月革命 16 周年，举行大规模阅兵，由于唐铎飞行技术过硬，特别是无线电通信技术出众，首长命令他担任长机驾驶员。作为 100 多架飞机的排头兵，驾机飞越莫斯科红场上空，接受了斯大林等苏联党和国家领导人的检阅。1938 年，苏联肃反扩大化殃及唐铎，有人拿一张日本的仁丹广告问他认不认识，老实的唐铎说，认识广告上的汉字“仁丹”，于是被以“日本特嫌”罪名下狱，后来在中共驻共产国际代表团团长任弼时和作家萧三的营救下获释。

二战爆发后，唐铎任飞行大队长，又多次出色地完成了作战任务。唐铎后来回忆：“那时飞机几乎都是带血作战的，因为每次作战回来，后面的空乘战斗人员有的受伤有的牺牲，在特别紧急的情况下，人们就把牺牲者抬下去，把飞机检修一下，换上另一个人，立即起飞参加战斗。有一次飞机返程时，我在跟机舱后部的射击手说话，说着说着，射击手就没声了。我还以为他睡着了，等飞机着陆后，才发现他已经牺牲了。”中华人民共和国成立后，他主动要求回国参与筹建哈军工。中苏关系破裂后，1964 年他到辽宁大学担任校领导，直至 1983 年去世。

唐铎的妻子唐瓦柳是苏联籍乌克兰人，二战期间在苏联空军部队做打字员。丈夫走后，唐瓦柳在沈阳安度晚年，至今四院干诊的很多医护还能回忆起这位皮肤白皙、性格开朗乐观的老太太。2004 年，唐瓦柳去世。

辛健侯功夫深湛

辛健侯是武术家，早年随父到沈阳，落脚在北市场的中央大戏院。1930 年左右，辛家开办辽宁国术馆，馆址就设在戏院隔壁。1931 年，沈阳举办东北第一次国考，辛健侯获得擂台赛冠军。辛虽然身材高大，但轻功了得。他功夫深厚，平时总抱个铜球运气，还经常用食中二指举一个150斤的礅子，来练蛇形指功。伪满时期沈阳有不少日本浪人、朝鲜浪人，时不时就有到武场子捣乱的。遇到这种情况辛一般就出来表演几手功夫，把他们吓跑。他把米粒托在掌心里，一运劲，手掌不动米粒却在掌心里跳动。再有就是把手掌贴近蜡烛不动，火苗却向另一侧倾斜过去。他最喜欢表演的，是把三块砖夹在两掌之间，突然发力，中间的砖震碎了，两边的砖却完好无损。

沈醉妻子杜雪洁早年是修女

沈醉晚年口述的回忆录《我这三十年：一个军统特务的忏悔录》中，杜雪洁的名字仅被提到一次。杜雪洁是沈醉后妻，她1965年嫁给沈醉。

1960年11月，特赦后的沈醉与在香港的妻子粟燕萍恢复了通信联系，才得知爱妻早已受骗改嫁。1965年，女儿沈美娟考上大学，离京前劝父亲再婚，可当时谁也不愿嫁给“大特务”，最终只有两个备选摆在沈家父女面前，一个是30出头的理发员，带个小男孩；另一个是 40 岁的老姑娘，医院护士。“父亲让我选，我选了杜雪洁，考虑到她是护士，可以照顾父亲，又没有孩子，不会和我争宠。”沈美娟回忆。第一次见面，杜雪洁还为沈家父女包了东北水饺，“我从来没吃过那么香的饺子，对杜阿姨的印象也好起来。”

杜雪洁的身份背景也很特殊，她出生在沈阳一个信奉天主教的大家族，刚十五六岁时便被家人送进天主教堂当修女。沈阳解放后，政府疏散了教堂神职人员，她从沈阳跑到北京，希望进入北京的天主教堂，可北京的教堂不久也疏散了，杜雪洁在北京姨妈的帮助下当了护士。杜雪洁认定自己早已是上帝的使女，要洁身如玉，一直不肯结婚，直到 40 岁时遇到沈醉动了凡心。1965 年 8 月 1 日，沈醉在家中举办婚礼，他还在杜聿明鼓动下当场写了一副对联，上联是“感共产党深恩，幸福家庭重建”，下联是“听毛主席教导，改造思想从严”。

杜雪洁嫁入沈家不久，和美娟的关系便对立起来，“只要有一点事不顺她的意，她马上就会把脸拉得老长，冲出冲进地给我们父女脸色看。特别是我没被大学录取之后，父亲因为觉得是他连累了我，所以对我的关心和照顾也多起来，想方设法逗我开心。继母对这件事非常不满，她认为父亲只关心我，不关心她，只要父亲不在家，她就不跟我说话。”一晚，沈醉和女儿聊天超过了晚上 9 点，杜雪洁催促美娟去洗漱睡觉，她没当回事，随便应付了一句，没想到杜雪洁勃然大怒，把门一摔，赌气离开。沈美娟不示弱也摔门离去。沈醉赶紧过去安慰女儿，杜雪洁看见沈醉不关心她，转身进卧室收拾衣服，声称要离家出走，沈醉赶紧又去劝杜雪洁……

“文革”开始后，因为“没有阶级立场，嫁给了大特务做老婆”，杜雪洁在单位被批斗挨打。1967 年 12 月，沈醉二次入狱，被关进秦城监狱五年。沈醉走后，杜雪洁的生活失去了支柱，工资停发，还被赶出了四合院的三间北房，住进了一间堆放杂物的阴暗小屋。1972 年 11 月，沈醉被释放，回到政协工作。二人重逢，沈醉感慨前妻离开他才一年就改嫁，杜雪洁却等了自己五年，还受了不少罪，为补偿妻子，沈醉主动承担了买菜、做饭、换煤气罐的家务，按杜雪洁的要求，沈醉每个月的工资全部上交，每天买多少菜，花多少钱都记账，实报实销。每个月，沈醉只有5元零花钱，成了标准的“妻管严”。

沈醉的晚年生活中，杜雪洁一直照顾左右，二人关系还算和谐，1996年，沈醉临终前在遗嘱中表示，所有家产都留给杜雪洁，而日记、书籍、资料等则留给沈美娟。沈醉逝世半年后，杜雪洁也离开人世，沈美娟将二人共同安葬在香山万安公墓。

故事大王谭振山做一辈子庄稼汉

谭振山说：“我是讲故事大王？世间百行，种田为王！我的故事最早是从我奶奶那里听来的。奶奶娘家开过大车店。我们这旮旯儿是黑龙江、吉林通往北京的大御路经过之处，南来北往的客商，住到一块，唠闲嗑讲故事来打发时间，自然带来不同风格的故事。我从小就喜欢听故事，口传心记，我也能讲故事了。我三大爷谭福臣满肚子贼玄乎的故事，像什么《赵匡胤与红煞神》《关公有后眼》这类故事，都是他讲给我的；我继祖父赵玉宝是个木匠，能造大帆船，爱讲《泥鳅精受皇封》这类民间故事；还有学校的几位老先生，像国生武、沈斗山、张英富、刘万信等十多个人，给我讲过很多地方传说。就是在走道啊、坐车当中游人给我讲的故事我也都记下来了。打小儿学的故事，全装在脑袋里，张嘴就来。”14 岁那年，他开始给别人讲民间故事。

1987 年，辽大教授江帆到新民县对县文化局上报的数十位故事家进行学术鉴定。新民县数十位故事家会聚一堂，摆开了讲故事的“擂台”。正是在这带有“打擂比武”性质的讲故事比赛中，谭振山脱颖而出。他能讲 1000 个以上的故事，因此被称作中国的“一千零一夜”。

晚年他感慨：“现在孩子忙学业，年轻人忙捞钱，四五十岁往上的人都打麻将去了，讲故事的好光景再也回不来了。20 世纪 60 年代以前，乡亲听我讲故事，80 年代以后，外人让我讲故事，现在只能对着录音机、录像机讲了。”

何钧佑讲故事传承锡伯文化

故事家何钧佑被称为“锡伯文化活化石”。他的家族有讲故事的家风，老辈人就曾以锡伯文字记述反映部落时代生活的“喜利妈妈传奇”故事。何钧佑小时候，爷爷何明岫用锡伯语和汉语相夹的语言给他讲这些故事，何明岫的大哥则给孩子们讲锡伯族民间医圣传奇“黄柯与神袋子”，这些故事每部都长达十几万字。多年后，在外饱经沧桑的何钧佑回到乡里，把从祖辈那里学到的故事用原汁原味的语言，在炕上、小院里给邻里乡亲讲故事，曾在日本学过哲学的何钧佑在讲述传统民间故事时又增添了一些哲学色彩，讲故事时注重情节与史实的联系，总能把生活中发生的事与故事联系起来，生成一些道理。

修 行

是青灯黄卷还是积极入世，一闪念一闪念的跳转，这才是修行，天生虚寂，修行何益。一入空门，你就都明白了，做什么也都显得有道理了，所以那一僧一道，疯疯癫癫地会去访石头。

函可：打南边来了一个作诗的和尚

在《初至沈阳》中，流人函可和尚写道：

开眼见城郭，

人言是旧都。

牛车仍杂沓，

人屋半荒芜。

这是函可对盛京城的第一印象。不过，之后函可在《初入慈恩寺》中写到了他在慈恩寺里的精神回归：

幸无牛马后，仍许见浮屠。

礼佛欢如旧，逢僧笑尽呼。

膏粱恣啖嚼，土榻任跏趺。

半晌低头想，依然得故吾。

高粱米管够吃，土炕也很宽大，他与寺内僧众也很快打成一片了，这样一来，“依然得故吾”，那个到底是个性情中人的诗僧又回来了。

葛月潭诗书画三绝

葛月潭出家后，博览《道藏》，道法高深，兼长诗书画，号称三绝，被誉为“能书能画更能诗，文采风流冠一时”的学者、诗人和画家。葛月潭晚年隐修于奉天斗姆宫，生活恬淡，精神矍铄，每日以诗书画为伴，艺术造诣益深。每有求其书画者，必定允诺，且不收润笔。

葛月潭曾解囊在太清宫办起一座国民学校，专招贫困子弟，免费入学读书。为振兴经济，兴办实业，葛月潭又出巨资助办染织厂。1920年，山东、河北一带遭受特大旱灾，消息传至奉天，葛月潭废寝忘食，昼夜伏案，数日内竟完成书画千余幅，义卖得款，全部赈济灾区。

隐 逸

大隐隐于市，高人永远是高人。看隐逸中的旧时人物，就像看镜中幻影，你明明知道那一切都是反的是不真实的，但你还是会看个不停。

张志良去职侍弄园子

1931年九一八事变后，东北沦陷，彼时奉天商业领袖、东三省盐运使张志良仅53岁，称病辞去一切公职，退居大连。《盛京时报》刊载了张志良去向：他在黑石礁屯买地建立一幢小楼，并且带有花园，取名“张松叟花园”，以养花卖花为名，在一个小山村里过上隐居生活。这一住就是 14 年。1945 年“八一五”光复后，他才回到沈阳轱辘把胡同居所，吃斋念佛，淡泊度日，直至 1947 年 3 月病逝。

小凤仙晚年易名改嫁

小凤仙晚年得到梅兰芳出手帮助，安排到东北人民政府工作，居住在皇姑区五一商店附近。她改名张洗非，50 岁时改嫁给锅炉工人李振海。李家子女回忆，张洗非嫁到李家时，只有一个柳条包，闲暇时她会独自一人翻看柳条包里的每一张照片，其中她最喜欢看的就是一个将军模样的人，“相片里一个穿军装的，这儿都带着穗，这儿带着领章，我问她这是谁，她也没说谁，就说是朋友。”据李家人回忆，小凤仙爱热闹，喜欢看戏、听大鼓书，街道上有什么事儿，她都出去，扭秧歌。那时候新成立政府，外头扭秧歌什么的她都参加。

王度庐折剑豹隐教语文

辽宁省实验中学桃李满天下，很多人都记得当年在省实验中学（时称东北实验学校）念书时的“家长老师”李丹荃，热情体贴的她是舍务老师，照管住校学生的生活。一次，学生徐斯年得了阑尾炎，正是李丹荃带他到医院并一路照看。

逢年过节，学生们相约到学校斜对面的教师宿舍区去看李老师，李老师一家住在一座两家合住的小独楼里，每次李老师都会热情招待孩子们。李老师的丈夫是学校的语文老师，姓王，北京人，挺冷的一个人，开门看到孩子们，都是淡淡的京味的两个字“来啦”，就充作欢迎词了。

这王老师个子不高，背有点驼，浓眉细眼，衣着朴素，热天白衬衫，冬日黑布棉衣，围巾长而厚。课余，他就在办公室里独自抽着烟看《辞海》。他的名字叫作王度庐。

王度庐可谓“前世高人”，是小说《卧虎藏龙》《铁骑银瓶》的作者，近代武侠“北派五大家”之一。很多年后，《王度庐评传》问世，作者恰是徐斯年。

不过在当时，武侠小说家已不是可以招摇于世的身份，世间物换星移，能者两世为人。1948 年沈阳解放后，在身为中共高级干部的弟弟谭立（曾任大连市委副书记、人民日报社机关党委书记）的帮助下，王度庐一家离鲁赴辽，暂厝大连，1953 年再到沈阳。

几年之间，身份变了，往事不再提，名字却没换，王度庐独特的个性可见一斑。须知，民国的武侠、侦探、玄幻、言情作品当时多已被禁毁，被看作腐朽落后的下三烂，甚至封面上有枪和美女的书就得烧掉。学校里有个 1953 年新入学的学生邱传贤，是王度庐班的语文课代表，常逛旧书摊。1954 年夏天一个周末，他在太原街兰州商场二楼楼梯口南侧的一家租旧书处，无意中看到了《铁骑银瓶》《春秋戟》等四部武侠小说，封皮上赫然有“王度庐著”字样！这时他猛然想起曾听同学私下提过王老师当年如何如何，这下有了实物的印证。

一天，晚自习中间，在教室外的走廊里，邱传贤向王老师谈起了在兰州商场看到他所写旧书的事，谁知，“老师好像没听见我的话题似的，竟避开绝口不谈，反倒讲起课本里鲁迅的《一件小事》来。”当时，邱传贤无法理解老师为何会如此讳莫如深。

对于旧作，王度庐和一位同事打开话匣子时曾说：“当年我看《阅微草堂笔记》，看一篇就能当一个素材写一段小说，换一袋面！”

王家的工资水平在当时起码是社会中等，工作条件也很优越。热爱戏曲尤其听京剧上瘾的王度庐，闲下来时还常带着家人到各处剧场（比如大舞台）去听京剧。只是他的胃病，在沈阳也一直没有治好。

周铁衡避难四处游历

20 世纪 60 年代后期，周铁衡受到强烈冲击。为了写生，更是为了避难，他开始了长时间的游历。1968 年，周铁衡从沈阳出发至北京，走过了泰山、黄山、华山、庐山，沿长江逆流而上，过三峡、重庆至涪陵，又北上大连……辗转于几个儿女之家。最终，他以自杀的方式结束了自己的生命，作品与藏品也在 7 次抄家中散失了。

郭景珊晚年摆摊卖花

20世纪末叶，在沈阳人的记忆里，大南街旁有一位摆摊卖花的和善老人，他就是东北沦陷时期毁家纾难、叱咤关东的义勇军名将、第七路军司令郭景珊。1941年，郭景珊在北京密云结束了戎马生涯，中华人民共和国成立后全家回到沈阳定居，不再出任公职，长期以卖花为业。新时期，郭景珊曾担任过沈河区政协委员，也做过市文史研究馆馆员。郭景珊回忆：抗战期间，在一次战斗中，炮弹落在他骑的战马前，战马奋起扬蹄挡住了主人，他厚葬战马。多年后郭景珊每谈起此事，都认为自己的命是拣的，功名于己都是身外之物。

1998年郭景珊逝世，享年98岁。

痴 人

是真的痴，还是种种真爱与释放？一个人活得纯粹，活得有戏剧性，不怕天雷，不怕嘲讽，不怕背叛，不怕失去，围络的就是那么一点元气。

马二琴、周铁衡和凌其阵组织沈阳琴社

1953 年，凌其阵调到沈阳工作，经东北音乐专科学校古筝教师曹正指点，访琴人周永谟，又访琴人马英麟（马二琴）。1954 年 3 月，他又访齐白石弟子、书画家周铁衡医生。周铁衡购有清咸丰年间成都叶介福监制的风月友琴。他还走访接触沈阳的其他琴人，与马二

琴、周铁衡商议在沈阳组织琴社。1980 年 3 月，凌其阵与顾梅羹共创辽宁古琴研究会。正当他要迎接下一步的工作计划和下一步的琴会活动时，1984 年春节过后，3 月 3 日，因为心脏病突发，凌其阵意外去世。在他去世时，书桌上还有一张纸，写的是 1984 年辽宁古琴研究会的活动计划。

一代琴痴到关东

1959 年，沈阳音乐学院开设古琴专业，时任沈阳音乐学院院长的李劫夫派民乐系主任朱郁之，前往北京将顾梅羹聘请到沈阳，专门从事古琴教学。顾梅羹是泛川派古琴的重要传人，他在辽宁不仅培养出了丁伯苓、顾泽长、丁纪园、丁承运、朱默涵等古琴演奏家，还完成了琴学巨著《琴学备要》。因为顾梅羹的到来，辽宁地区的古琴也开始繁荣，出现了“关东大地一派川”的情形。

张哲英爱了一辈子石头

导演张惠中的父亲张哲英年轻时相貌英俊。张哲英刚参加工作时曾陪同学、后来著名的回族电影演员张巨光去东北电影制片厂考试，结果自己也被考官相中，但张哲英热爱地质研究工作，并没有走上文艺之路。

1949 年，张哲英参加革命，在东北地质局从事东北地区的地质研究和勘探工作，曾参与辽河油田、大庆油田的发现和开采。当时全家住在沈阳中山广场附近地质局的家属区，张惠中还记得和他家一个院住着的是位苏联专家，年幼的他常和专家的儿子一起玩。后来，张哲英被打成了右派，劳动教养 8 年，直到 1966 年才回到法库与家人团聚。他分到了为生产大队放羊的工作。张哲英每天放羊都走得很远，回到家时总是背着一袋子各种各样的石头，晚上就拿着捡来的矿石研究，然后给石头贴上标签制成标本。“那时家里有很多地质方面的书和父亲收集的标本，每当看到父亲挑灯夜读时，心里都非常感动，他已经失去了地质工作者的身份，但仍然放不下对工作的热爱，可惜那些书和标本‘文革’时都被抄走了。”张惠中遗憾地说。

宿白爱书成痴

沈阳出过很多读书种子。1922年出生的宿白生前大概是北京大学当时知识最渊博的人。他家有四个房间，三间是书房，当初在夫人极力争取之下，卧室才幸免被书占领。晚年不再授课，宿白把毕生藏书捐赠给了北大图书馆，第一阶段就整理装运图书一万多册，金石拓本一百多种。宿白先生的学生李志荣说，先生在北京求学期间，几乎所有时间都是在北京大学图书馆度过的。“先生觉得他一辈子如果还有一点成绩的话，那是北京大学图书馆给他的。”

王秋颖和李默然之诀别

王秋颖和李默然在舞台上合作多年，惺惺相惜。王秋颖和李默然联袂演出诸多，世人公认他们合作的巅峰是《甲午风云》。王秋颖饰李鸿章，李默然饰邓世昌。

1986年王秋颖患肝癌，住进沈阳一家医院。最后时刻，王秋颖提出想见李默然一面。儿子王小颖给正在南方拍戏的李默然发去急电。李默然中断工作，乘飞机赶回沈阳，直接赶到医院。王秋颖剧痛刚被止住，正昏迷着。守在外面的医生、护士不准李默然进去。李默然央求、争辩，对方仍不允。于是，李默然的嗓门职业性地高了起来。

就在这时，病房里的王秋颖忽然喝问道："谁在二堂喧哗？"

李默然分开医生、护士，推开病房门，应声而入，做了个将马蹄袖左右拂扫的动作，抢步上前，单腿打千，低头道："回大人，在下邓世昌，拜见中堂大人！"

弥留之际的王秋颖一下拉住李默然的手，两人泪流不止。

宋雨桂为自己张罗"活体告别仪式"

1987 年，正当 47 岁的宋雨桂声名鹊起之时，被诊断患了胰腺癌，医院建议尽快动手术，延长生命，否则只有 3 个月生命。那时正逢中国美协要在中国美术馆举办“宋雨桂、冯大中画展”，躺在病床上的宋雨桂决定不动手术，“把终身都献给艺术，死又如何？人的生命不在于长短，而在于活的质量。”离沈赴京前，宋给自己搞了个“活体告别仪式”。

酒桌上，宋雨桂自我调侃：“雨桂此去北京，可能回不来了，在此宴请大家做一诀别，今来者皆我友，为我友者皆要尽兴而欢。”后来，癌细胞神秘消失，宋回沈后遂又称“雨鬼”。

繁华

繁华深处多痴人，每每不一样的烟火。繁华极像WiFi，为每个身在其中的人赋能，激发他们的活力。如果有一幅画，能够画得出萤火与灯火的掩映，那就让繁华的道理可以看得懂了。

乾隆是文溯阁第一个读者

七十三岁的乾隆最后一次东巡，驻跸盛京旧宫，在刚刚落成的文溯阁读书。他在旧宫住了四个晚上，是文溯阁里第一个读者。乾隆不仅题写了“文溯阁”匾，还在文溯阁边迪光殿里处理了两天政务，撰写了一篇富丽典雅的《文溯阁记》。

盛京城节庆、庙会繁华如梦

清代，每年元宵节、清明节、中元节，盛京城的都城隍老爷都要由力士们扛着，沿四平街北上，一直视察到方城小北门（地载门）处的临时神坛，陪都城内的要员们如盛京将军、奉天府尹、承德知县等，在这里次第祭祀，禳祓灾疫，祈求都城隍保佑全城官民。每次城隍出巡，都是市民的视觉盛宴，上街看热闹的人山人海，可以很好地拉动节日经济，相关纪念品、小吃、小玩意儿只要正常走量就能大赢其利。此外，还有天齐庙会、皇寺抬佛节等，都是市民熙攘，热闹非凡。

关公香火遍盛京

清代旗人极重关公。据民国初年的《沈阳县志》记载，当时沈城方圆五十里内有关帝庙四十三座，比其他任何类型的庙宇都多，其中绝大部分是清朝建立的。

据记载，老沈城百年前最大的关帝庙在城南南塔附近，就是现在的蓬瀛宫。据该处碑记记载，这座关帝庙是明嘉靖年间创建的。清帝退位、民国肇兴之后，奉系很快控制东三省，张作霖极重关羽，在这里大把投资，供养关岳，每年正月十二、五月十三，沈阳城的要员们都要来参加祭祀典礼。这些年各地时兴玩祭孔大典，其实祭关大典当年在沈阳的热闹程度犹有过之。张作霖建大帅府时，很低调地在府邸的东北角单盖了一处小院，小门不大，进去却是关帝庙，原来张大帅极崇拜关老爷，在外拨款修庙觉得还不够诚心，又专门在自家宅子里建了“私庙”。阖府上下，只有张作霖一人可以进去祭拜，关上门跟武圣人“高端对话”。

司督阁：1905 年以前，奉天没有警察

司督阁在《奉天三十年》中写道：奉天人是忙碌的勤勉的和易于满足的，同时也是平和的与遵守法纪的，他们的理想是过上富庶和舒适的生活。1905 年以前，奉天没有警察。日俄战争给奉天带来西方的管理方式。在此之前，奉天城内没有一个警察，其他城市也一样，根本不需要。城内有打更人，还有衙门的“捕快”，如果需要，他们会完成逮捕任务。但是奉天城的和平掌握在它的市民手中。

穆继多设计吉顺丝房

1914年，山东人林芸生投资五万多元，在中街路北建起一座二层楼的吉顺丝房，成为中街上的第一座楼房，一时风光无限。然而不久，吉顺丝房的主要竞争对手“老天合”也在中街盖起一座三层高的大楼，气势顿时超过吉顺丝房。

为应对“老天合”挑战，吉顺丝房找到“多小建筑公司”老板穆继多，他新设计的吉顺丝房整体采用“中华巴洛克式”风格，在原址基础上重新设计五层砖混大楼。楼顶上建有圆顶式塔楼一层，主体为四层，可分为三段式。基段由同高两层的8根巨柱构成，三层、四层设通长阳台。建筑的雕饰也极为考究，二层阳台下面没有采用西式的牛腿饰件，而是将沈阳故宫某些建筑斗拱位置上反映喇嘛教特点的兽头雕饰加以简化，突出中式风格。建筑不但外表豪华气派，而且内部还装有近代先进的设备，如暖气、电梯等，堪称当时中街的第一建筑。1928 年，新改建的吉顺丝房正式对外营业，当即轰动沈阳城。

慈 孝

滋润大历史的三春暖晖，志在反哺的寸草心，延续在城市的血脉里，在流传的文字里，在不停变化的传说与故事里，因为这是化育万物的初始之力。

严父恩格与童家三兄弟

童寯为近代“建筑五宗师”之一，与吕彦直、梁思成、刘敦桢、杨廷宝同列；两个弟弟也是学界达人，二弟童荫在电机领域驰誉，三弟童村是医学、微生物大家。童家三兄弟的成就，离不开其父恩格。

童家为满洲正蓝旗钮祜禄氏，在奉天城外东台子村世代务农。宣统二年（1911），恩格以奉天府学廪生考取岁贡，殿试为二等进士，钦点七品。归乡后，先后任“功学所”所长、女子师范学校校长和奉天省教育厅厅长。恩格对童氏兄弟的旧学、诗文功课督促极严，故他们日后中西学问兼通，能解方程、画图纸，也能吟咏、运用古诗文。

金肇野、崔璇的儿子郝延德

1942 年，新婚不久的革命者金肇野、崔璇先后回到延安，不久大儿子出生。崔璇身体虚弱无奶水，他们含泪将儿子送给陕甘宁边区特等劳动模范、木匠出身的延安工会副主席郝泽民抚养。郝泽民给孩子起名郝延德。抗战胜利后，金崔夫妇回东北。郝泽民留在陕北打游击，他妻子带着母亲、祖母、郝延德与两个亲生娃儿留守在家里。两位老人说：延德这娃儿小，土豆留给他吃，我们少吃点。就这样，郝家两位老人和两个新生娃儿因为没有粮食吃，先后被饿死。1960 年，郝泽民把长大成人的郝延德送还到沈阳金肇野与崔璇身边，叮嘱他：“落户时，一定要把姓改回去！”但金肇野对儿子说：“姓不改了！留作纪念吧，你要永远记住他们，记住陕北人民对你的养育之恩！”

李家传统是苦读

李仲元回忆，自己从小不缺书，父亲的书架总是摆满了书，父亲工作一辈子什么也没攒下，除了过日子用的，其余的钱都买了书。后来李文信留下的三千多本书都捐给了国家，李仲元自己又置办了一套。他的子女也爱看书，爱书爱学习是李家的传统。

李仲元有三个孩子，一儿两女。大儿子和大女儿在下乡时，李仲元给两人一人带一套《通史简编》，希望孩子们在劳动的同时多读书。虽然不知道以后能否恢复高考，但在李仲元眼里多读书总是有用的，结果1979年恢复高考，三个孩子同时考上了大学。大儿子从事外语专业，大女儿学历史专业后来做了编辑，小女儿学习财经类专业。

范家的第 38 个春节

范敬宜与母亲感情很深，看到批改了半宿作业的母亲大清早起来就忙着生煤球炉，等早饭做好，时常来不及吃一口就要上班，他疼在心里，九岁就学生炉子。一次劈柴时他不小心把左手中指砍伤，血流如注，疤痕带了一生。大学毕业后，范敬宜一直在北方工作。

1989 年的春节，等范敬宜终于请好了假，准备飞回上海家中时，噩耗传来：母亲去世了！他当天飞回上海，看着母亲空荡荡的房间，泪如雨下——此前 37 年，他没有能够与母亲一起过一个春节。

博 弈

善博者谋利，善弈者谋事。博弈源自天赋与天性。洞见心扉只是第一步，接下来怎么做是人品问题，想让别人怎么做则是水平问题。

范文程试探洪承畴

洪承畴在战败刚被俘虏时，严词拒绝了皇太极让他投降的建议，表示宁死不降。皇太极让范文程前去劝降。范文程见了洪承畴并不着急劝他投降，而是嘘寒问暖，谈论古今大事，洪承畴不知是计，和范文程聊得很投机。而范文程却借此机会仔细地观察他。结果范发现洪聊天时，有房梁上的灰尘正好落在洪身穿旧衣的衣袖上，洪承畴多次用手去掸灰尘。

范文程向皇太极回奏时说：“皇上，洪承畴绝对不会自杀，臣和洪承畴交谈时曾仔细观察他，发现他对一件旧衣服都如此爱惜，何况是他自己的性命呢！洪承畴只是在矜持伪装，只要皇上您再说几句好话劝降，洪承畴一定会投降！”后来果然如此。

张作霖死后寿夫人秘不发丧

1928 年 6 月 4 日凌晨 5 时 30 分，张作霖乘专车通过京奉与南满铁路交叉处时被炸，后被证实是日本关东军所为，此即“皇姑屯事件”。当日，张作霖遇险后立即被送回帅府小青楼一层西屋内，其实已在车上因弹片割断喉咙气绝身亡。其孙张闾实说：“爷爷被炸后，送回帅府时已死亡，寿夫人下令不得对外公布并立即私拟了遗嘱，其中几句话是‘此系日本人阴谋无疑，我的生命已难救。唯宜严守秘密，不使外人得知，一面力持镇静，维持秩序。召小六子回奉主持政事，希望诸人辅助。’

当时我奶奶主持家政，每天照样浓妆艳抹，有说有笑接待各方来客。”

一天，日本总领事太太以访问寿夫人为名来探虚实。当时，张学良尚未赶回沈阳。事态紧急，寿夫人急中生智，忙到里屋梳洗打扮，身着艳丽的服装，从容不迫地走进客厅，招待日本总领事太太。言谈之中，寿夫人一面让副官开启香槟，与日本总领事太太庆祝张作霖逃此大难；一面连连致歉，称“大帅遇险受伤并受惊吓，刚刚安置睡下”，搪塞过去。寿夫人毫无悲戚之相，最终骗得日本总领事太太深信张作霖还活着。

阴 谋

三分逞能，三分诡谲，三分狂诞，一分蓄意。这些阴谋与觊觎，我们必须要记住。天下什么事情都是可能发生的，区别只是你悟到还是没有悟到而已。

袁金铠惯以阴谋取人

袁金铠本是辽阳的一个落第秀才，在沈阳参加省试期间认识了王永江，并成为莫逆之交。1905 年，赵尔巽出任盛京将军，广开言路，袁金铠进数千言治理条陈，得到赵的瞩目，将其认作学生。辛亥革命前，赵尔巽出任东三省都督，即揽袁金铠入幕，不久更安排其出任奉天省谘议局副议长。

袁善于谋划，急智百出，不择手段，趋炎附势。1911 年 10 月武昌起义后，赵尔巽、张作霖合力逼走蓝天蔚，杀害张榕、宝锟等，绞杀辛亥革命关外形势，背后皆为袁金铠牵线谋划。清帝退位后，袁改投张作霖，张依靠袁世凯上位，逼走段芝贵、冯德麟，独占奉天，称霸东三省，均用袁金铠之谋。九一八事变后，袁金铠投靠日本，成为伪满大臣。

抗战胜利后，袁金铠被列为东北十大汉奸之一，被抄家，很快病死辽阳。

日本人早有刺张之举

1916 年，日本支持东北“宗社党”的一派对积极参与袁世凯称帝活动的张作霖十分不满，决定对其采用暗杀手段。5 月 27 日，日本关东都督中村雄次郎赴奉天“访问”，张作霖率其部下汤玉麟等乘马车去车站迎接。在归途经过小西边门里时，日本刺客三村丰等从窗口投出炸弹，但只炸伤了汤玉麟和一些随从卫士。张作霖见此便舍车驰马，并与骑兵卫士互换上衣，奔向军署。

张经过奉天图书馆时，日本刺客又向他投出炸弹，但未中，刺客被炸死。

“满洲之妖”岸信介

一本伪满洲国印发的新京电话簿近年在沈阳被发现，日本早期侵华战争中的“急先锋”岸信介的联络方式赫然在列。报道称，岸信介在华期间生活放荡，每晚饮酒嫖妓，人称“满洲之妖”。战后被判为甲级战犯，但最终逃脱审判，并于 1957 年担任日本首相。

在任期间，岸信介积极推进反共反华、修改和平宪法的政策，而后来担任日本首相的安倍晋三，继承的正是这个战犯外公的衣钵。

四个关东军参谋决定发动九一八事变

关东军的参谋们密谋策划发动九一八事变时，日本陆军省和参谋本部包括其核心的作战部卷入阴谋的人相当多。但陆军省、参谋本部作为一个整体，表面的正式见解是反对在中国恶化事态。所以陆军大臣南次郎派参谋本部作战部部长建川美次到奉天阻止关东军闹事。

建川不坐飞机，走陆路坐海船横穿朝鲜慢慢走，等他坐火车到奉天，已是 9 月 18 日傍晚了。建川刚从东京出发，有人就向奉天特务机关长土肥原贤二发去了秘密电报，说计划已经败露，建川美次已经上路到满洲来阻止了，要干就得在建川到来之前。很快，石原莞尔、板垣征四郎和花谷正等知道了这个消息。9 月 15 日，陪着刚上任的关东军司令官本庄繁中将巡视的石原莞尔、板垣征四郎、花谷正、今田新太郎四人在奉天特务机关的会议室召开了紧急会议，研究建川美次部长要来的问题。板垣拿了一支铅笔竖在桌子上说："问天命吧，铅笔往右倒就不干了，往左倒咱们就玩命赌了。"

结果铅笔往右倒了下去。那就是说计划要中止了，四个人面面相觑。今田跳了起来，涨红了脸说："你们不干我一个人干。"于是四人决定在 9 月 18 日建川到达的那天晚上动手。

点评

说三国说西游说天下，不如说项，好的点评是一种再造。人最喜欢听的事情，一是故事，一是情话，再就是点评了。三者不分主次，最好交叉出场。

周铁衡：笑我多能误一生

周铁衡曾作诗自嘲："雨后花开写乍晴，穿枝鼠到助诗成。龛中泥像微微笑，笑我多能误一生。"

初国卿如是评价周铁衡：

数尽辽海文化史，就诗、书、画、篆诸方面，如周铁衡全面而成就卓绝者，实在数不出更多，韩择木、耶律倍、王庭筠、潘辅、唐英、李鹤年、王尔烈、高其佩、郑文焯、杨钟羲、王光烈、胡永年、谈国桓、张之汉、李东园、宁斧成……将周铁衡并列到这个群体，可能有人诗词上超过他，但书法未必；可能有人诗词、书法上超过他，但绘画未必；可能有人诗词、书法、绘画上超过他，但篆刻未必；可能有人诗词、书法、绘画、篆刻上超过他，但古琴未必；可能有人诗词、书法、绘画、篆刻、古琴上都超过他，但收藏未必；可能有人诗词、书法、绘画、篆刻、古琴、收藏诸方面都超过他，但医学未必。所以就艺术精湛博通而论，在辽海文化史上，则无出铁衡之右者。

沈延毅之笔如通灵尤物

哲成赞颂恩师沈延毅说：

沈老挥笔自运，又能不落窠臼，出新意于古法，把魏碑中的斑驳残痕、刀刻凿迹通过用笔的奇正倚侧、顿挫腾挪，与用墨的枯湿浓淡杂糅相间，变化多端，不可端倪。

看沈老写字本身就是一种艺术享受，毛笔在沈老的手中就像是通灵尤物般地俯仰起止，犹如娉婷美人之舞，婀娜多姿，而笔锋掠过处，一片天籁之迹，动人心弦。

范曾点评宋雨桂

范曾说：

宋雨桂的技法与他的画魂相与表里，那是一种神龙见首不见尾，无起止之迹，导之泉注、顿之山安，轻如蝉翼、重若崩云的妙不可言的技法。

惨痛

历史教训，般般勿忘，随着时光流逝，那时的人都做了什么变得不那么扎眼了，大家都应该记住了什么才是问题的关键，因为这构成了我们的未来。

臧式毅转变为汉奸的始终

1931年九一八事变前夕，沈阳市公安局局长黄显声发现日人异动，努力搜集情报向上反映，请示对策，他用电话向辽宁省主席臧式毅报告："日本关东军调兵遣将愈加频繁，南满铁路、安奉线随时都能看见（日本）兵车来往，在乡军人（日本武装退伍军人）都发了枪，日本侨民在奉命赶制太阳旗，我已经昼夜不离办公室了。”

臧也曾多次警告张学良日军即将动手，并派黄专门跑到北平去见张报告危险。张当时吸毒又患伤寒，在协和医院住院，回复都是要求镇定，万一打起来不抵抗，等待“九国公约”的调停等等……臧自知无力回天，在事变发生当晚，悲愤地让东北军参谋长荣臻“赶快出去调兵遣将收复沈阳吧”，自己则称“地方官守土有责留下办交涉”未即离去，后绝食未死，被关东军扣押。

软禁3个月后，他不遵母命，投降日本，任伪奉天省省长，其母上吊自杀，以身殉国。

荣臻“挺着死”说之由来

九一八事变当夜，日军进攻北大营时，首先冲进的是营房西侧第621团的各营兵舍。对于日军突如其来的进攻，第7旅毫无戒备，睡梦中的东北军官兵在枪炮和呐喊声中惊醒。仓促之下，北大营军衔最高的第七旅参谋长赵镇藩立即给王以哲旅长家打电话请示，王以哲让他直接向参谋长荣臻报告。赵镇藩一面下令全旅官兵严阵以待，一面直接打电话给沈阳城内的荣臻。荣臻闻讯，慌忙打电话向北平张学良报告北大营情况，但张学良还未及说话，电话就忽然中断，荣臻没有在张那里得到下一步行动的答案。紧要情况下，荣臻脑海中浮现的是张学良昔日下达的避免与日军冲突的严令。

于是，他给惶恐中的北大营官兵下达了这样的命令："不准抵抗，不准动，把枪放到库房里，挺着死，大家成仁，为国牺牲。"赵镇藩鉴于有些枪本来就在士兵手中，此时收枪已不可能，于是再次请示荣臻，希望他改变命令。荣臻声色俱厉地说："这是命令，如果不照办，出了问题由你负责！"

第一辆国产汽车：李宜春与他的"民生牌"

东北易帜后，南北趋于和平，武器需求量随之减少，奉天迫击炮厂厂长李宜春等人建议化兵为工，提出首先制造载重汽车。建议得到张学良赞许，遂将奉天迫击炮厂改为辽宁迫击炮厂，并附设民用品工业制造处——民生工厂。张学良先后拨款80万元试制汽车，民生厂还聘请美籍技师麦尔斯为总工程师，从美国购买瑞雷号载货汽车散件，运回厂内自行组装整车，并进行了大量试验。又根据中国道路情况和实际需求，设计出两种型号的载货汽车：一为100型，载重量为三吨，适合道路条件较差的地区；另一种为75型，载重量两吨，适合路况较好的城镇。

1931年6月，中国第一辆国产汽车民生牌75型载货汽车试制成功。当时有人统计：在全车666种零件中，有464种是自制的，202种是进口的，国产化率接近70%。

当时，中华全国道路建设协会为纪念建会10周年，在上海举办路市展览会，“民生75”作为第一辆国产汽车受邀参展，该车在上海展出后的第六天，九一八事变爆发，沈阳沦陷。民生工厂尚未组装成车的零部件，均被侵华日军掠夺一空。

当所有半成品落入日军手中，日军立刻把它制作成丰田卡车的31C型，只有在上海的这辆民生汽车免遭浩劫，至今保存。

杜重远魂断天山

1937年七七事变后，抗日战争全面爆发。时任国民政府监察院监察委员、国民参政会参政员的杜重远，与主政新疆的盛世才来往密切。杜与盛系同乡、同学，杜的《盛世才与新疆》《三度天山》两书颇为盛夸饰，盛于是邀他去新疆。1939年，杜重远抱着“为祖国奠立最后抗战基地”的愿望赴任新疆学院院长，全力宣传抗日统一战线政策，还请了文化名人如沈志远、赵丹、茅盾、石良、石华等进疆。

不料，猜疑心重的盛世才开始怀疑杜重远，在杜的住宅周围布置岗哨，严密监视。杜重远被迫于1940年冬辞职养病。1941年德苏战争爆发，苏联一败再败，盛世才迅速转投蒋介石，开始反苏、反共。杜重远对盛世才多次直言相劝，1941年冬，盛世才炮制了所谓“汪精卫系统的阴谋暴动案”，给杜重远加上“系受汪精卫、周佛海、陈公博等主要使命，企图破坏后方工作”的罪名，将杜重远关进监狱。由杜重远介绍到新疆工作的人也多被罗织罪名入狱，全案牵连数千人。

杜重远在狱中受尽折磨，于 1943 年 10 月被毒死在特别监狱里。

奉天盟军战俘营里的人性之光

奉天盟军战俘营是二战期间日本人建立的专门关押太平洋战场俘虏的集中营。据记载，盟军在德国纳粹集中营里的死亡率为 4%，而在这里死亡率高达 27%，不啻人间地狱。

有一天，战俘营工厂的中国青工李立水，从日本人运蔬菜的车上“顺”了两根黄瓜，递给了旁边一个高大的美国战俘：266 号尼尔，后者心领神会接了黄瓜，赶紧藏在工作台的下面，又不敢说话，朝着李立水感激地点了点头，李立水撒腿就跑了。

1945 年日本投降后，失业的李立水有一次在战俘营工厂门前溜达，已经获得自由的战俘尼尔看见了李立水，马上跟他喊“Hello”，李立水一下想起来了那两根黄瓜的事，尼尔在自己的身上找啊找，掏出了一包巧克力给了李立水。六十多年后，已经九十高龄的尼尔给李立水寄来了一封亲笔信：

亲爱的兄弟，我在战俘营里面的故事就像在昨天一样，你当年给我的那两根黄瓜使我有了生存下去的勇气，我们胜似兄弟。

哀挽

有时，哀声是一种态度，既是给别人的眼看的，也是给自己的心看的。好的哀挽，是化腐朽为神奇，化悲痛为力量，很多名剧名作名画名曲就是这么来的，因为哀挽中的人，眼睛背后还有眼睛。

皇太极痛失海兰珠

1641年，明清两军爆发宁锦会战，率军亲征的皇太极大获全胜，不过，这时他接到了宸妃海兰珠病重垂危的消息。皇太极急忙往沈阳返，星夜兼程回到盛京城，却没有看到爱妃最后一面。海兰珠病故之后，皇太极曾连续六天不吃不喝，朝夕悲痛，一度恸哭昏厥，终于病倒，身体每况愈下。众贝勒大臣邀请他去蒲河打猎，希望转移他的注意力，谁料途中居然路过了宸妃墓，又惹得皇太极大哭一场。宸妃死后不到两年，皇太极也因病故去。

葛月潭挽黄兴、蔡锷联

1916 年，讨袁将领黄兴、蔡锷相继逝世。沈阳各界举行黄蔡追悼大会，葛月潭亲笔敬上一副挽联曰：

国士无双双国士，

完人难二二完人。

章士钊、梁启超致林长民之挽联

林长民在反奉战争中被奉军杀死后，京城震惊，很多人都为这个不世之才的惨死而惋惜。梁启超、章士钊等都为林长民写了挽联。

章士钊的挽联写道：

处世唯不说假话最难，刻意存真，吾党之中君第一；

从政以自殉其身为了，无端共难，人生到此道宁论。

梁启超的挽联是：

天所废，孰能兴，十年补葺艰难，直愚公移山而已；

均是死，容何择，一朝感激义气，竟舍身饲虎为之。

三年后，梁启超之子梁思成娶林长民之女林徽因为妻。

张学良春秋笔法写挽联

张学良枪杀杨宇霆和常荫槐后，追思以往，又分别为他们书写了挽联。

挽杨宇霆的联文为：

讵同西蜀偏安，总为幼常挥痛泪；

凄绝东山零雨，终怜管叔误流言。

挽常荫槐的联文为：

天地鉴余心，同为流言悲蔡叔；

江山还汉室，敢因家事罪淮阴。

周铁衡为齐白石守丧

1957 年，周铁衡在 55 岁生日前夕收到了齐白石托人从北京带来的一幅《和平鸽》。感念师恩，周铁衡将画作精裱装框悬于壁间，朝夕晤对，每逢朔望还在宣德炉中放上檀香，点燃后供奉于画前。这年 9 月，齐白石在北京去世。周铁衡听到噩耗悲痛不已，前往奔丧，回来后一直郁郁寡欢，半年多茹素、不剃须发，每天在《和平鸽》前拈香，怀念老人。

暗 昧

有的是迷信，有的是自信。这个其实是分不清的，这一切都因为，人终归是无助的，如果他没有信仰或者组织的话。

霍备一诗“悟”终身

霍备，字易书，早年中举到京时，到吕仙祠祈梦，梦神送他一首诗：

六瓣梅花插满头，

谁人肯向死前休。

君看矫矫云中鹤，

飞上三台阅九秋。

其中深意，霍生一时没悟明白。

后来霍备仕途通达，由中书舍人升任奉天府尹，这意味着进入了“快车道”，他想法一下复杂了：仙鹤是一品官服补子的图案，“三台”指的不就是宰相之位吗？他在奉天做了不少事情，被称为“沈阳最早大学”的萃升书院，就是在他任下大规模扩建，升级为东北最高学府的。霍备还是一位大书法家，曾经御试，“为天下第二”。

但在乾隆十一年（1746），霍备因查办奉天流寓民人一案办事不力，遭到朝廷严惩，被谴谪到一个叫“葵苏图”的地方蹲了九年，这“葵苏图”是满语语音，译成汉语就是“第三台”，其实就是三台子。沈阳周边有好几处“三台子”，此处的三台子应为现平罗镇（原称平罗堡）西北方向的三台子村，当时是一处军屯要地。这回霍备全明白了：霍字上半是“雲”字的字头，下面是“鹤”字的少半，和在一起就是“云中鹤”，“飞上三台阅九秋”正是指他在三台子熬了九年。

戴梓因梦匿连发火铳

沈阳名士戴亨曾讲过一段家族掌故：他的父亲戴梓是个火器发明家，早年他研制了二十八连发火铳之后，正准备献给朝廷，却梦见一人骂他：你让这样的大杀器流传于世，违背上天好生之德，不怕遭报应断子绝孙吗？戴梓害怕了，最后没有献。

汤玉麟自诩虎帅

汤玉麟是张作霖的得力大将之一，绰号“汤二虎”。此人爱虎成痴，甚至在汤公馆中还有一张汤玉麟骑虎照，一个东北虎标本，在他座位上还铺着一张真虎皮，当然汤骑的老虎只是个标本而已，而那被制作成标本的老虎则据说是他自己亲手打来的。

汤一直认为自己是猛虎转世，拥有猛虎的虎威。而辅佐张作霖的老弟兄多信自己前世是星宿，下凡是为了辅佐张作霖完成皇图霸业。汤玉麟为了展示自己的“虎威”，不仅在自己家放很多跟老虎有关的物事，而且只要是坐着谈话，他都会将两只手握起拳来，以一个霸道的姿势前扑在桌上，试图让人心生惧意。传说他曾在一次出游寻猎中一枪打死了两头老虎，之后把这两头老虎做成标本送给了张作霖，于是有了大帅府中著名的“老虎厅”。

汤玉麟是“虎将”，吴俊升则是“熊将”，不仅在家里养熊，平常走路也会模仿那些熊的动作，以示勇猛。张海鹏则自称三国“张飞”转世，见到关帝庙，都要进去额外拜上一拜，张后来投了日本人成为大汉奸，不知他还敢不敢再拜了。

悬 念

这里曾有无限种可能，更有若干谜团，这构成了城市的无穷位面。悬念是很多闲人至今不放弃的最大原因，是心灵城市上空放不败的焰火，更为我们做很多事情提供了理由和支点。

沈阳人类文明究竟始于何时

新乐遗址距今有7200年，而沈阳农业大学后山的两处人类遗存，距今有11万年历史，并且证实当时沈阳先民就会造石器，但是沈阳的起始究竟在何时，至今仍无法定论。

盛京将军五百匹战马离奇失踪

据《子不语》，雍正初年，朝廷为盛京将军送五百匹战马到黑龙江，眼瞅着快到地方了，忽然一匹马振鬣长嘶，领着众马跑到江口，跳入水中变成了鱼！五百匹马“变成鱼跑了”不是小事，国家财产损失惨重，这奇闻被载入《马变鱼园地变鹅》一篇。先不去探讨奇闻本身的科学依据，它反映出一个史实：清朝时，东北大部地区都属于驻盛京（沈阳）的盛京将军辖下。这位盛京将军的一大职责，就是统筹边境地带与沙俄的军事对峙。

裕瑞揭脂砚斋身份

历史上，关于《红楼梦》批注者脂砚斋最早的记载出自豫亲王多铎五世孙裕瑞的《枣窗闲笔》，裕瑞说：“曾见抄本，卷额本有其叔脂研（砚）斋之批语，引其当年事甚确。”裕瑞先辈是曹雪芹好友，他对曹雪芹的家世生平很了解，甚至知道曹相貌为“身胖头广而色黑”。裕瑞曾在沈阳居住二十多年，《枣窗闲笔》就写于沈阳。不过，后来的胡适认为脂砚斋是那块爱吃胭脂的石头，即曹自己；周汝昌认为脂砚斋是曹的妻子，即史湘云。

《红楼梦》里所提之黑山村

清代权贵入关前在关外跑马圈地，马蹄所到之处即为所得之田，所属的田地设庄头管理，《红楼梦》五十三回写到的乌进孝便是贾府的一个庄头。每逢过年，乌进孝都要率车队到贾府交租子，顺便还要带些年货孝敬贾府。贾府究竟在不在北京，这一点存在争议，不过书里有些地方可以作为侧面证据。如果贾府确实在北京，下面这段话就很有捉摸头了——书中写道，贾珍嫌乌进孝来得迟了，乌进孝说："回爷的话，今年雪大，外头都是四五尺深的雪，前日忽然一暖一化，路上竟难走得很，耽搁了几日。虽走了一个月零两日，因日子有限了，怕爷心焦，可不赶着来了。"

北京距离沈阳一千五百里地，天气好的时候赶车走大约要二十多天，赶上乌进孝遇到的大雪，耽搁几日，正好走一个月。朝鲜使臣金昌业在《燕行日记》中写道“有车二十辆，连亘而去，所载皆獐鹿及猪。而其中四五车则以簟为套，其大可容数间，其所盛尽是干菌。言自沈阳来，皆大家奴进贡其主之物云”，这支来自沈阳的进贡车队和乌进孝的车队何其相似。《红楼梦》里说乌进孝来自“黑山村”，在沈阳法库县就有一座山叫黑山，而黑山脚下的村庄就叫黑山村，不知是否就是乌进孝的来处。

《聊斋志异》原稿下函无踪

依克唐阿出任盛京将军时，蒲松龄后人蒲英灏出任其幕僚。依克唐阿得知蒲英灏家藏《聊斋志异》原稿，便向其借阅。可惜依克唐阿在借阅期间病逝，《聊斋志异》原稿下函四册无从索要，杳无踪迹矣。所幸其上半部如今存在辽宁省图书馆，为镇馆之宝。

那尔苏生前身后皆谜团

诚慎亲王那尔苏出身显贵，是晚清王爷僧格林沁的长孙，父亲伯彦讷谟祜也贵为亲王，但关于他本人的事迹在《清史稿》中却无只言片语；据说那尔苏是被父亲逼迫吞金自杀的，但上报朝廷时说的却是“暴病而亡”；那尔苏生前未创建任何功业，据传仅以王室子孙身份当过宫廷侍卫，但死后却被追封为“亲王”……这一切的缘起，就是那尔苏与慈禧太后的“感情”传闻。但是此事在宫中俱无相关记录，那尔苏家族对此也讳莫如深。此事真相应是永远难分得清了。

张作霖究竟死于谁手

1928年6月4日，张作霖在皇姑屯事件中被炸身亡。针对此案元凶，一般认为是日本关东军高级参谋河本大作所为。此人于1949年被捕，在战犯管理所供述了他刺杀张作霖的经过，还评价说，“而万一奉军起兵，张景惠就做我方内应，打出奉天独立军的旗号。后来的满洲事变能一下搞起来，也就是因为有这样的安排。但奉系中有高明的臧式毅，阻止了发了疯的奉军行动，从而防止了与日军的冲突。”

苏联解体后，有人整理克格勃解密档案，提出皇姑屯事件的元凶其实是克格勃的前身“契卡”。解密资料称当时契卡有个暗杀专家埃廷贡，受捷尔仁斯基的指派，组成一个四人暗杀小组（拉脱维亚人萨尔嫩、保加利亚人维纳罗夫、维纳罗夫的妻子列别捷娃和苏联人埃廷贡）秘密潜入中国东北，目标就是张作霖。刺杀成功后，苏方根据事先安排在报纸上做宣传，嫁祸于日本。埃廷贡后来又刺杀过反对斯大林的托洛茨基和德国政客冯·潘佩纳等。

后来又出现了第三种说法：解密的克格勃档案证实，确有埃廷贡领导的爆炸小组在东北活动，但被日本关东军抢先了一步,埃廷贡只是走运冒领了“功劳”而已。

梁思成、林徽因离开东大内幕

梁思成、林徽因夫妇一生所到之处，常伴是非。

最初，梁林夫妇学成归国，应张学良高薪诚邀到东大，创建了中国第一个建筑系。林徽因把母亲与二弟林恒也接到了沈阳一块居住，但最终林仅在东大断断续续待了一年多就离开了，之后梁思成也匆匆返回北平，后来更不愿提及这一段。

有人说，梁启超之死是动因。1929 年 1 月，梁启超病逝。当时林徽因已怀有身孕，料理完公公的后事，她再次返回东北，在此期间还设计了当时东北大学的校徽。

有人说，林徽因之父林长民死于奉军之手，此事对她而言毕竟是阴影，但此说不能解释梁林最初来到东大时的毅然决然。

还有人说林徽因得了肺病，徐志摩专程到东北看她，并带她回到北平养病，梁思成后来也就无心再待在沈阳了。

与梁林同时在东北任教的萧公权在其自传《问学谏往录》里则说，“少帅见了这位女教授十分倾倒，嘱人向她致意，请她做家庭教师。她婉辞谢绝，等到课务结束，立即同着丈夫离开东北。”梁思成晚年的夫人曾说，张学良曾经拍着桌子说要枪毙梁。林徽因的弟弟林宣也曾说东大用童寯排挤梁思成。

荀孟涵日记披露徐箴与金佛案干系

抗战期间，沈阳文士荀孟涵流亡福建，与担任福建省教育厅厅长的徐箴交情深厚。1945 年 8 月日本投降后，国民党政府派徐箴赴东北接收沈阳，荀孟涵就以“接收大员”的身份跟着徐箴回沈阳。荀孟涵一生喜记日记。荀孟涵日记和他后来写的回忆材料，成了解开曾轰动沈阳的皇寺金佛失窃谜案的佐证。

1946 年，徐箴任国民政府辽宁省主席的第二年，沈阳皇寺发生轰动全国的玛哈噶喇金佛失窃案，伴随着金佛丢失的还有众多珍贵无比的法器，这些法器都是清朝历代帝王前来实胜寺礼佛所献，件件都是无价之宝。而在案发前一天，徐箴曾派出两名“特使”来到皇寺打前站，并且言行颇令人生疑。种种迹象表明，金佛被盗，徐箴嫌疑最大，但当时其位高权重，荀孟涵不敢和外人说，只能记到日记里。后来，开往台湾的太平轮意外遇险沉没，徐箴一家也随之葬身海底，皇寺金佛从此如泥牛入海。荀孟涵日记里写道，他听说这个消息后，很为惋惜。徐箴、荀孟涵两家当时过从甚密，据荀所掌握的情况，皇寺失踪的金佛肯定就在徐家乘坐的太平轮上，如果打捞到那艘沉船，就有希望找到金佛。对此，李仲元先生有诗《玛哈噶喇金佛》：

庄严宝相焕霓虹，拜倒黄衫老者梨。
长恨金身沉碧海，楼空月冷乱鸦啼。

附 录

捋一捋沈阳的那些曾用名

作为东北中心城市，沈阳真正辉煌的城市史，是从后金定都沈阳开始的。公元 1634 年，皇太极颁旨，定沈阳满语称呼为“穆克敦”，汉译“天眷盛京”。

不过，无论是“新沈阳人”，还是来沈阳的游客，常提出这样的疑问：清代以来，除了盛京和沈阳，我们这座城市还曾经有奉天、承德的称呼，而且进入近代，盛京、奉天、沈阳……城市名更迭频繁，中间还有反复，看那些以清末民初的沈阳为题材的电视剧，里边的城市名极乱，喊啥的都有，这里边有什么规律？

清朝时，盛京和奉天略有区别

与“盛京”相比，“沈阳”的城名更早一些，关于沈阳城的得名有很多种说法，但起码后金在此定都时，咱这里叫沈阳。后金天命六年（1621），努尔哈赤率兵攻占沈阳，1625年迁都于此，此后沈阳一度称为“沈京”。天聪八年（1634），后金汗皇太极钦定，改沈阳满语称呼为“穆克敦”（满语发音“Mukden”，是“兴起、盛、腾”之意），汉译“天眷盛京”，“盛京”为其简称。所以从清朝到民国年间，英语等西方语言里一直称沈阳为“Mukden”。相应的，抚顺的赫图阿拉老城（永陵所在地）则为“兴京”。

“盛京”这名字挺精神。1644年清朝入主中原，迁都北京，盛京成了陪都。陪都这种独特的城市身份，决定了清代盛京城既有都城特征，也有省会和八旗军驻防城市的特征。而且，清朝在其“龙兴之地”东北地区实施的不是关内的行省制，而是军府制，这里的最高官员不是总督、巡抚，而是将军，在盛京城就是盛京将军，这盛京将军军政都是一把手，日常重点事务是旗务，就是八旗那些事儿。

这样运行了十几年，出问题了：由于原先辽东地区的大量人口都随皇帝入关了，朝廷要开发东北地区，仅靠本地留守的旗人不行，人口基数太小，必须大量从关内移民过来。但移民过来以后，得有人管理，谁管呢？比如打官司，找哪位大老爷？盛京将军管不过来，而且作为军政大员，也不方便管老百姓这些事情。朝廷就水到渠成地开始在辽东地区设置和关内一样的府、县机构。最开始设置的是辽阳府及其下辖县城。顺治十四年（1657），降辽阳府为辽阳县，在盛京城内设立“奉天府”（原址在城内钟楼南大街路西），最高长官是奉天府尹，管辖相当于现在辽宁省范围内各个县的“民人事务”，也就是汉民的事务。

那时，北京城有个顺天府，咱盛京的奉天府跟它并称，都带个“天”字，可见规格之高。

所以，“奉天”这个地名是1657年开始有的。为啥叫“奉天”？据记载是取“奉天承运”之意。

盛京城里有奉天府了，这位陪都府尹大人的级别也挺高，但别高兴太早：他的辖区下面，并没有盛京城这一块，这意味着他所在的这座城里，没有老百姓归他管！

堂堂奉天府，相当于“寄设”在了盛京城内，理政、用人、办事都不方便。康熙四年（1665），朝廷在盛京城内设立了承德县（县衙原址在怀远门内大街路南胡同内），这个县名可是全新的，现在河北的承德，是雍正十一年（1733）才有的，那之前一直叫“热河行宫”“热河厅”。

所以，先有咱辽宁的承德，后有河北的承德，这是历史事实。

奉天府有了下辖的承德县，盛京城成了主场，人气、资源开始加速聚拢，对于城市的发展而言，这是一件大好事。

1929年，省名、市名都改了

一座城市，尤其是古城，如果老是把名字改来改去，对城市的社会、经济、文化发展是不利的，这是常识。但近代以来，沈阳的名字就开始改来改去，这实在是大环境使然，有些时候甚至还是被迫的。

1907年起，清朝政府改东北地区的军府制为行省制，裁撤盛京将军，设奉天省，简称奉省（奉系军阀也就是依据这个得名的），辖区主体相当于现在的辽宁省。

那时候沈阳因为又是奉天省省城，所以一般老百姓也称为奉天城，“盛京”则不再是官方的城市名了。1911年清帝退位、进入民国以后，奉天仍然既是省名，又是城市名。

1913年，奉天省承德县因为与直隶承德县重名，改称奉天县，很快又改称沈阳县，“沈阳”又进入了官方地名。

民国初期，奉天省城政出多门，无法适应城市快速发展的要求。1923年5月，奉天市政公所成立，这座城市更像个现代城市了。

1928年，张作霖遇刺身亡，张学良主持东北易帜。1929年2月5日，南京国民政府改奉天省为辽宁省；同年4月2日，奉天市改称沈阳市。

可是，当时盘踞在“满铁附属地”的日本殖民者不愿承认辽宁省、沈阳市的新名称。中国人里边，很多“老奉天”或遗老遗少也仍然不改口，继续在其私人笔记、信函、文章中使用“奉天”的称呼，日资报纸《盛京时报》也没改名。

1931年九一八事变后，日本侵略者迫不及待地在9月20日就成立了伪奉天市政公所，9月30日成立伪沈阳县公署。直到1945年日本投降，这些伪称才被废除。

不过，抗战时期背井离乡退入关内的东北人，大多数都不承认日本人给改的伪名，他们坚持使用“辽宁”“沈阳”，这样一来，那时候留下来的很多史料、文章、文艺作品里，又出现了很多的“辽宁”“沈阳”。后来很多人被这一段历史弄得晕头转向，大概就是因为这一层。

1945年8月15日，日本无条件投降后，“辽宁”“沈阳”的省名、市名终于稳定下来。

本文参考了《沈阳市志》《清代盛京城》《沈阳历史大事年表》等书，特此鸣谢。

后记

汉末魏晋的历史没有裴注和罗贯中的演义，就没有后世三国文化的激荡发扬；魏晋南朝没有世说新语的细节铺陈，当然出不来后世对魏晋风度、竹林七贤的追崇。只有细节丰富，历史才是亲和可人的，才是直指人心的。

本书的构想来自笔者多年来对沈阳本地人文史地资料的搜集与整理，笔者以刘义庆《世说新语》、郑逸梅《林下云烟》、余世存《非常道》等书为摹本，以小故事、笔记体的形式，分类分细节展现沈城历史名人的精神要素，展现传奇沈阳。

本书的选材范围是有关沈阳本地的各类文史读物、笔记、古籍及近年来的一些新发现。沈阳出版社的《沈阳历史文化丛书》《沈阳历史文化典籍丛书》，辽海出版社的《辽海名人辞典》，沈阳市旅游局《传奇盛京》，沈阳市文史研究馆的《沈阳历史大事本末》《沈阳历史大事年表》《沈阳历史人物传略》，徐光荣老师的《辽宁文学史》等著作是笔者主要的参考资料。本书人物选取范围则是从明末清初到近现代，重点选取方向是1625年到1990年。

由于相关材料浩繁，线索千丝万缕，很多史料互相抵牾，笔者在成书过程中又有很多琐务相扰，因而耗费数年。在此过程中，幸得责编长伟老师的鼓励与帮助，终竟全工，在此向长伟和沈阳出版社各位领导、编辑老师一并表示衷心感谢！

辽宁、沈阳值得我们记住的人与事、言与行太多了，仅仅一本小书当是无法加以容纳的，很多前辈的言与行都没有录入。当然，求全也不是本书的宗旨，直指人心的力量才是。将来，笔者还会继续搜集整理下去，把此事作为一桩很有意义的事业，更可以从中达成身心的升华。

2018年9月